Manfred Wankmüller · *Mit lauter lieben Leuten unterwegs*

Manfred Wankmüller

Mit lauter lieben Leuten unterwegs

Reisegeschichten

herausgegeben von Philipp Wankmüller
illustriert von Juliana Wankmüller

HOHENLOHER DRUCK- UND VERLAGSHAUS
GERABRONN UND CRAILSHEIM

Herstellung: Hohenloher Druck- und Verlagshaus Gerabronn

Printed in Germany
ISBN 3-87354-201-3

VORWORT

Nichts ist erfrischender als -mw-!

Er hat im Grunde gewußt, daß er für Menschen eine erfrischende Quelle ist, aus der sie schöpfen können, wenn sie ein paar Spritzer oder gar kräftige Schlucke perlenden Lebenselexiers brauchten. Und er hat sich dieser Aufgabe, Quelle zu sein, stets mit letzter Hingabe gewidmet, ja so sehr, daß noch heute, auch nach seinem plötzlichen Tod am 13. Februar 1988, gilt: Nichts ist erfrischender als -mw-!

Er war Quelle als Mensch, als Reiseleiter und Kunstkenner, als Jounalist. Als Autor und in der Erinnerung seiner Mitmenschen ist er es noch immer. In ihm versammelte sich ein Kraftpaket, das bereit war, alles zu geben, und das wirkt nach.

Aber auch Manfred Wankmüller hat geschöpft aus seinem Tun als Journalist und Risotto-Duce bzw. Guide Maréchal, wie er sich gern zu nennen pflegte, weil er sich selbst wie seine Mitmenschen und Freunde auf eine unnachahmlich kecke Art auf die Schippe zu nehmen verstand.

Vier Bände schlitzöhriger Geschichten hat er niedergeschrieben, in denen er die kuriosesten Begebenheiten aus seiner geliebten Hohenloher Heimat auf unvergleichliche Art erzählt. Seine Reiseerlebnisse, die er noch bis kurz vor seinem Tod redigierte, an denen er bis zuletzt feilte, führen in die Welt hinaus, nach Europa, das ihm so sehr am Herzen lag, auch wenn er auf die Eigenständigkeit des Hohenloher Menschenschlages so großen Wert legte. Er liebte dieses Europa mit der gleichen Intensität wie sein Hohenlohe.

Seinen Sinn für Entdeckungen, seine Weitsichtigkeit, die das Naheliegende dennoch nie vernachlässigte, seinen Einfallsreichtum und seinen Humor vermochte der Gourmet in jeder Hinsicht auf seine Reisefreunde zu übertragen. Kehrten sie zurück von einer der HT-Reisen, wußten sie nicht nur mehr von der Welt, sie hatten auch wirklich Neues gesehen, ein Rundum-Erlebnis für Leib und Seele gehabt.

Nicht schulmeisterlich ernst, sondern spitzbübisch und humorig marschierte er seinen Reisegruppen voran. Er lauschte und freute sich wie ein Kind, wenn die Geschichte plötzlich zum „Gschichdle“ wurde. Jene „Gschichdlich“, die in seinem phänomenalen Gedächtnis einen besonderen Platz erhielten, hat er aufgeschrieben: schlitzöhrig und knitz, treffend, aber trotz entwaffnender Offenheit nicht verletzend — erfrischend eben wie eine Quelle.

„Ihr lieber, dicker Reiseleiter“ hat Ihnen, seinen Reisefreundinnen und -freunde einen Band mit seinen gesammelten schönsten Reiseerlebnissen hinterlassen, in dem Sie, eben diese Reiseteilnehmer, die Hauptrolle spielen. Aus dieser Quelle können Sie schöpfen wie einst aus der Quelle -mw-, auch wenn diese Quelle nicht mehr selbst sprudeln kann.

Knut Siewert, Sommer 1991

EINLEITUNG

Drei Jahrzehnte reiste mein Vater, Manfred Wankmüller, an der Spitze von zahlreichen reise- und kulturfreundlichen Gruppen durch Europa; zunächst als Reiseorganisator beim Hohenloher Kunstverein, dann als Reiseleiter des HOHENLOHER TAGBLATTS. *In diesen Jahren hat er einen reichen Erfahrungsschatz gesammelt an kulturellen Ansichten, an Begegnungen mit fremden Mentalitäten, an Eindrücken von schönen Landschaften und Bauten, an Freund- und Bekanntschaften, die sich über alle politischen Grenzen hinweg zwischen den Menschen der europäischen Nationen bildeten und schließlich an Erinnerungen an außergewöhnliche Begebenheiten mit den Mitreisenden.*

Er hat dieses Europa geliebt, ebenso wie er seine Hohenloher Heimat geliebt hat. Und er wollte seinen Erfahrungsschatz mit anderen teilen. So sind 39 Geschichten zusammengekommen, die mein Vater zum vorliegenden Buch zusammengetragen hat. Und von allem ist hierin etwas eingeflossen, leben in den Geschichten nicht nur die Erinnerungen an heitere Begebenheiten fort, sondern auch an die hellen und manchesmal weniger hellen Seiten von Menschen und Landschaften, auf die die Hohenloher Europabummler bei ihren Exkursionen stießen. Doch erforschen Sie dies selbst, geneigter Leser...

Sein früher Tod am 13. Februar 1988 hat es meinem Vater versagt, diese Sammlung heiterer und erinnerungswürdiger Ereignisse selbst auf den Weg in die Öffentlich-

keit zu bringen. Diese Aufgabe ist an seiner Stelle nun mir zugefallen, und ich nehme sie genauso gerne an, wie sie eine große Ehre für mich ist.

Zwei Menschen schulde ich an dieser Stelle besonderen Dank für ihre Hilfe beim Fertigstellen dieses Buches. An erster Stelle meiner Schwester Juliana Wankmüller, die mit viel Witz, zeichnerischem Geschick und Einfallsreichtum die Illustration des Werkes übernommen hat. Zum anderen meinem Freund Knut Siewert, der in sensiblen und treffenden Sätzen das Vorwort formulierte.

Philipp Wankmüller, im Sommer 1991

SOZUSAGEN ALS HORS D'OEUVRE

Ich will Sie ein bißchen entführen. Doch keine Angst, es soll eine heitere Entführung werden, auch wenn ich Sie ziemlich weit wegbringen muß von dem Ort, an dem Sie sich gerade befinden. Das Fahrzeug, das wir dabei benutzen, kann ein Omnibus sein, ein Sonderzug, eine Gondelbahn oder ein noch abenteuerlicheres Transportmittel wie etwa ein wasserpumpengetriebener Loirekahn.

Wenn wir dann miteinander an den Hängen des trotz aller Antiraucherkampagnen noch immer die Gegend verstinkenden Vesuvs stehen, in den wisperstillen Räumen des Amsterdamer Reichsmuseums, auf den thymianduftenden Hügeln der Provence, unter dem endlosen Himmel der Debrecenpuszta, vor dem Kamin eines hammeldufterfüllten schottischen Adelsschlosses oder in der Hauchlosigkeit der Sixtinischen Kapelle, die dann einer mit dem Kalauer stört: „Verdammt noch mal, wann spielen die faulen Brüder endlich!", dann werde ich Ihnen Geschichten erzählen von lauter lieben Leuten.

Sie werden meinen Freund Don Franco kennenlernen, den Papstvetter, der es mit den Vogelstimmen hielt wie der liebe Franz von Assisi, die Baronin Seher-Thoß, die in einem Tessiner Grotto auf dem Tisch tanzte, als der rote Merlot endlich den letzten Tropfen blaues Blut aus den Adern verdrängt hatte, den Omnibusfahrer Lido, der in jeder Dorfstraße halten mußte, um eine garantiert echte Cusina zu küssen, die liebenswerte kleine Nicole aus Aix-en-Provence, die uns angesichts der Silhouette von Avignon erklärte: „'ier gibt es sehr viele Kirschen", und sich dann wunderte, daß wir nach blühenden Kirschbäumen Ausschau hielten und nicht nach päpstlichen Églisen, die Frau Pauline, die mitten in der Bayreuther „Meistersinger"-Inszenierung ihr Vesper auspackte – und noch viele andere mehr. Daß ich ein harmloser Entführer bin, der kein Geld von Ihnen möchte, sondern nur Ihr Lächeln, merken Sie daran, daß ich mich noch vor der Untat vorstelle: Ich bin ein begeisterter Reiseleiter, freilich keiner von der Profisorte, sondern einer, der das Reiseleitern neben seinem Journalistenberuf aus Liebhaberei tut. Wobei anzufügen wäre, daß Liebe nach wie vor (und erst recht heute) eine der schönsten Motivationen ist.

Wer eine Reise tut, der kann etwas erzählen, bemerkte schon der weise Wilhelm Busch, und ich habe manche Reise getan. Infolgedessen ist auch keine der nachfolgenden Geschichten erfunden, höchstens ein bißchen verklärt, so wie man ist, wenn man von der sommerseligen Toskana heimkehrt.

Und wer schon mit mir unterwegs war von den sturmüberbrausten Shetlandinseln bis zum klosterumstandenen Ochridsee und von den prähistorischen Höhlen Frankreichs bis in die Hohe Tatra, der wird sich vielleicht wiedererkennen. Oder ein paar alte Bekannte, was noch viel schöner ist!

Ihr -mw-

„GRAD WIE DIE BÖCKLI MACHET"

Es geht nicht anders, diese Geschichten müssen mit der Frau Pauline beginnen. In hohe Jahre gekommen, war sie auf vielen meiner Reisen dabei.

„Ich bin dem Herrn Wankmüller sein Reisemoskattchen", versicherte sie allen Leuten, und das stimmte bis auf die Vokalvertauschung auch hundertprozentig. Bei einer Fahrt, an der die Frau Pauline teilnahm, ging nie etwas daneben. Wir holten sie immer an einer Straßenkreuzung ihres Heimatortes ab, eine kleine Gestalt mit zwei huschigen Vogelaugen und einer dazugehörigen spitzen Vogelnase. Wenn sie von weitem den Omnibus auftauchen sah, geriet die ganze spindeldürre Person in Bewegung. Etliche Reiseteilnehmer behaupteten sogar, sie hätte es mit zwei großen Koffern in der Hand zu Sprüngen von einem Meter Höhe gebracht.

Kaum saß sie auf ihrem Platz, erzählte sie schon allen Leuten, daß sie die Fahrtroute genau kenne.

„War ich schon überall", nickte sie vogelpickig, „auf dem Pilatus oben mit meinem Ersten, und auf dem Gotthard mit dem August selig, und am Lago Maggiore mit meinem Zweiten, halt, nein, das war der Dritte."

Denn die Frau Pauline hatte vier Männer hinter sich gebracht, sie waren alle „abgestorben", eine Formulierung, die Neulinge im Bus jeweils stark schockierte.

An dem hier geschilderten Ereignis war der August selig beteiligt, ein mächtiger Mann mit einem an die Bergkuppen des Massif Centrale erinnernden Kahlschädel und einem Ranzen wie ein Prälat.

Den August nahm die Pauline überallhin mit, zu seinen Lebzeiten leibhaftig und später in memoriam.

Eine dieser Reisen führte in den fünfziger Jahren nach Zermatt. Über Basel, das an seinem industriereichen Südostende noch ärger stinkt als ein ungewaschener Chemiestudent im zwölften Semester, ging es durch das käseduft-erfüllte Emmental an den Thunersee, von dort das Kandertal hinauf zum Lötschberg und drüben hinunter zu den Pappelalleen des Rhonetals. In Visp wurde umgestiegen in einen Schmalspurextrazug, und vom Zermatter Bahnhof aus sahen die Reiseteilnehmer erstmals die weiße Flamme des Matterhorns in den Himmel zucken, eine Berggestalt, die selbst weltreiseerfahrenen Touristen noch immer atemlose Bewunderung abnötigt.

In Zermatt tummelten sich die Leute zwei Tage lang auf dem Gornergrat, um die Hörnlihütte und am Schwarzsee, ehe sie wieder zuerst in den Schmalspurzug und danach in den Omnibus stiegen, der sie diesmal das Wallis aufwärts führte, vorbei an der Friedhofsmauer von Raron, an der Rainer Maria Rilke seinen sehnsuchterfüllten Schlaf schläft. Der Rhonegletscher bäumte sich auf, die Kehren des Gotthardpasses folgten, der Vierwaldstättersee bewegte sich an den Fenstern vorbei und in Luzern wurde nochmals Halt gemacht.

Dort erwarben sich die Heimfahrer dutzendtafelweise die damals begehrte Schweizerschokolade und gleich kiloweise den damals sehr preiswerten eidgenössischen Kaffee, und zwei Stunden später stand der Omnibus an der Helvetia von der Bundesrepublik trennenden Grenze bei Konstanz.

Als der deutsche Zollbeamte hereinkam und die übliche Frage stellte, „Haben Sie Ware dabei", war jedoch von den Einkäufen nichts mehr zu sehen, sie ruhten wohlverborgen in Handtaschen oder unter scheinbar achtlos hingelegten Wolljacken.

Das ihm entgegenschallende „Nein" wurde daher von Unschuldsmienen unterstützt, gegen welche die sanften Augen eines neugeborenen Heidelämmchens der reinste Tigerblick sind.

Am unschuldigsten von allen blickte die Frau Pauline, denn sie hatte ein ideales Versteck gefunden. Ihre drei Kilopakete Kaffee waren im wahrsten Sinne des Wortes Besitztum des teuren August. Der deckte sie mit seiner auch hinterrückwärts beachtlichen Leibesfülle total zu.

Doch dann fand der Grenzkontrolleur bei einer Frau ein paar Tafeln Schokolade, und in einem Anfall von Amtsautorität befahl er der gesamten Omnibusmannschaft das Aussteigen, um besser nachsehen zu können.

Jetzt geriet die Frau Pauline in Zugzwang. Eine Reisetasche, in der sie die Schmuggelware noch schnell hätte unterbringen können, war nicht zur Hand, und so öffnete sie ihrem August blitzschnell die Jacke und die oberen Knöpfe seiner Kniebundhose und stopfte die drei Pakete da hinein, eins rechts, eins links und eins zur Abrundung in die Mitte, worauf sie den Gemahl eilig wieder verschloß und verknöpfte.

Als der August jedoch die steilen Stufen des damals noch recht bockelig gebauten Omnibusses hinunterstieg, geschah das Malheur. Sei's, daß die Papierumhüllungen durch die starke Augustsche Besetzung schon zuvor gelitten hatten, sei's, daß sie dem durch den Steilabstieg noch erheblich angestiegenen Augustschen Wampendruck nicht standhalten konnten, jedenfalls sahen Zollbeamte, Zermattreisende und andere Grenzgänger, wie der August plötzlich zu bohnen anfing. Aus dem rechten Kniebund rann ihm eine braune Spur, eine ebensolche drang aus dem linken, und er bohnte auch aus jenem Senkrechtschlitz, der bei Männerhosen gewisser Verrichtungen wegen nun einmal in die Vorderseite installiert ist.

Was nun geschah, ist wegen seiner Unamtlichkeit hoch zu loben! Die Zollwächter nahmen den August nämlich keineswegs in peinliche Untersuchungshaft, sondern befahlen ihm stattdessen nur, auf der Straße einen Kreis mit einem Durchmesser von fünf Metern zu ziehen, und das bis zu seiner völligen Entleerung.

Der tief geschockte Mann wagte keine Widerrede, und so zog er seine Runden und produzierte dabei eine Markierung aus köstlich duftendem Schweizerkaffee.

Den Zuschauern rollten nur so die Tränen über die Wangen, jeder starke Schwall wurde mit lautem Applaus bedacht, und von der schweizerischen Seite her kam ein Douanier gestürzt, besah sich eine Minute lang mit offenem Mund das Ereignis und prustete dann los: „Wie die Böckli machet, akkurat wie die Böckli machet!"

Der arme August indessen schritt stumm und verbissen, ein einsamer Wanderer in einer gaffenden Menge, bis er endlich vertröpfelte und versiegte.

Der Omnibus durfte danach unbestraft weiterfahren, samt dem kaffeebohnenproduzierenden August.

Ein paar Monate später starb er ab, vielleicht hatte ihm der Rundmarsch doch zu sehr auf Herz und Gemüt geschlagen.

Doch die Frau Pauline hatte ja noch diverse Männer in spe, und so war sie — wie man im Verlauf dieses Buches lesen kann — noch auf vielen weiteren Reisen dabei.

REISELEITER LEBEN GEFÄHRLICH

Gäbe es eine Rangordnung der gefährlichsten Berufe, der des Reiseleiters käme gleich hinter dem des Hochseilartisten, des Sprengmeisters und des Lehrers in einem höheren Mädchenpensionat.

Diese Behauptung kann durch ein Ereignis belegt werden, das auf dem Mas de Cacharel spielt, einem Camarguehof, der gleich neben dem berühmten Zigeunerdorf Les-Saintes-Maries-de-la-Mer liegt.

Hier residiert über Gardians, Stiere, Pferde und touristisches Volk Monsieur Frédéric Fontaine, ein zähsehniger, tiefbrauner Mann, der mit seinem hageren Gesicht, den dunkelbrennenden Augen und dem Dreizack der Camarguehirten in der Hand aussieht wie ein eben übers Meer geschwommener Atlassarazene.

Inwendig ist dieser Monsieur Fontaine jedoch so zart und schmelzig wie ein Briekäse aus der Normandie, und als ich ihn seinerzeit bat, für meine in die Camargue reisende Gruppe eine Ferrade (das ist ein Stierbrennen) zu veranstalten, sagte er sofort ja und bot zur Programmbereicherung noch ein Stierfleischbraten am offenen Feuer an.

Dieses fand auch statt, und Monsieur Fontaine offerierte seinen Gästen dazu soviel feurigen Camarguewein, daß etliche der Reiseteilnehmer ein auffliegendes Kibitzpaar bereits für einen ganzen Flamingoschwarm hielten.

Danach begann die Ferrade. Die Gardians banden ihre breitkrempigen Hüte fest, schnalzten auf ihre Camarguerösser und ritten auf eine nahbei weidende Jungstierherde los.

Die ging ab wie ein Mastochsentreck in einem Wildwestfilm von Metro-Goldwyn-Meyer. Voraus ritt Monsieur

Fontaine, links und rechts hielten ein paar Viehhüter die Seitenausbrecher in Schach und hinterher kam noch ein Sicherheitsgardian, um die nachstürmenden Reiseteilnehmer vor wildgewordenen Jungstieren zu schützen, befanden sich doch auch ältere Damen in der Gruppe, die soviel stiernakkiger Maskulinität kaum noch gewachsen sein konnten.

Die Herde wurde am Eingang einer kleinen, aus Holzbohlen errichteten Arena gestoppt, in deren Mitte bereits der Brandmeister das Brenneisen aufglühen ließ.

Als die Zuschauer hinter einer knapp mannshohen Barriere Aufstellung genommen hatten, wurde der erste Stier hereingetrieben, ein kleiner, schwarzer Teufel, aber bereits ausgestattet mit den langen Hörnern der Camarguerasse.

Seinem scheelen Blick war anzusehen, daß er gewillt war, sich nichts gefallen zu lassen, aber die Gardians kippten ihn kurzerhand um, indem sie ihm die Beine wegzogen. Vier Mann hockten sich auf den Gefällten, und schon senkte sich zischend das Eisen aufs Fell, worauf es in der Arena so ähnlich stank wie in der Hölle, wenn dort ein paar neue Politikerseelen eingetroffen sind.

Jetzt nahte Monsieur Fontaine mit einem scharfen Messer, um dem Jungstier als weiteres Kennzeichen für die Cacharelherde ein Dreieck aus dem linken Ohr zu säbeln, doch bevor er dies tat, fiel sein Blick auf mich, der über die Barriere hing und eifrig bemüht war, die Szene leinwandfüllend in die Filmkamera zu bringen.

Mild und gutherzig, wie er nun einmal ist, unterbrach Monsieur Fontaine seine Handlung und bat mich durch eine Handbewegung, meine Filmaufnahmen in der Arena fortzusetzen. Ich tat's, leider ohne jede vorherige Überlegung. Zunächst einmal erschien im Sucher die blitzende Klinge, danach spritzte Blut, noch schöner, als wenn Robin Hood in Supercolor einen englischen Adelsschurken abtachtelt, und schließlich kam die Hand von Monsieur Fontaine ins Bild, die mir, sozusagen als Filmpreis der Camargue, das abgeschnittene Stück Stierohr anbot.

Ich setzte die Kamera ab und nahm's, und in demselben Augenblick ließen die Gardians den Jungstier los. Der blickte wütend um sich, sah die zehn Quadratzentimeter seiner Hörmuschel zwischen meinen Fingern und hielt, zwar unrichtiger-, aber doch sehr konsequenterweise mich für den Urheber seiner Schmach und Schmerzen.

Wem je das Kampfgebrüll eines zornigen Camarguestiers aufs Trommelfell geprallt ist, der kann ermessen, daß es nicht die Schwerkraft war, die mein Herz sogleich in die Hosentasche rutschen ließ, auch wenn dem Gesellen noch ein paar Zentner an seinem idealen Kampfgewicht fehlten. Dafür waren seine Hörner bereits so spitz wie die Nähnadeln, mit denen Anny Catgut, die Weltmeisterin im Schnellnähen, einundzwanzigtausendundelf Stiche in der Stunde gestochen hat.

Der Jungstier gedachte sofort von dieser nadelspitzen Bewaffnung Gebrauch zu machen. Er warf sich herum, zielte mit dem rechten Horn auf meinen Bauch und verfehlte ihn nur um fünf Zentimeter, einzig deshalb, weil ich beim Zurückweichen über meine Kameratasche gefallen war.

Meine Reiseteilnehmer hielten das für eine Schnellreaktion à la Dominguez, dem zur Zeit bekanntesten Torero Spaniens, und gaben Sonderapplaus.

Monsieur Fontaine und seine Gardians krümmten sich dazu vor Lachen, während ich eher Bitterkeit empfand. Jetzt setzte der schwarze Teufel sein linkes Horn ein in Richtung meiner teuren Filmkamera.

Ich retirierte auf die andere Seite des Feuers, aber der Bursche brach durch und donnerte heran.

„In die Filmgeschichte eingehen mit der selbstgedrehten Szene eines durchbohrten Reiseleiters", dachte ich, „oder lieber der Mitwelt erhalten bleiben."

Ich entschied mich aus humanitären Gründen für das letztere und raste ab in Richtung Barriere. Der Jungstier brauchte dorthin einskommafünf Sekunden, ich brauchte nur einskommavier, und das genügte für einen Hochschnalzer, für den Zugriff von helfenden Händen und dem Stier für einen letzten Hornstoß. Er traf genau meinen rechten Schuh, und als ich jenseits der Brüstung stand, war ich einseitig barfuß.

Der kleine Camarguestier stand noch einen Augenblick mit triumphierendem Blick vor der Barriere, dann umrundete er dreimal die Arena, meinen einen Schlappen aufs Horn gespießt, und dazu brüllte er sein Kampfstierviktoria.

Ich habe ihm seinen Irrtum längst verziehen, und mittlerweile wird er wohl auch in der Wurst sein, denn von Spanien herüber kommen die Matadores und stechen die Camarguestiere reihenweise ab. Kein Wunder, die haben ja auch einen scharfgeschliffenen Degen und hilfreiche Lanzenreiter. Damit kann man leicht ein Held sein!

DER DANK DES BARONS

Wir fuhren in die Provence. Die Provence ist schön, hier hat dieses Prädikat noch nichts abgegriffenes. Ihre Landschaft besitzt Vollkommenheit: Man kann sie sehen, hören, riechen, schmecken.

Steigen Sie auf einen Hügel am Fuß des Lubéron-Gebirges. Dann steht rechts die weiße Pyramide des Mont Ventoux, ein Stück davor ist die Kette der Alpillen, links werden im Dunst die Konturen der Seealpen sichtbar und voraus verebbt das Gewoge der Weinfelder und Olivenhaine. In der Luft liegt das Gegeige der Zikaden, in die Nase steigt der Duft des Thymians und auf der Zunge prickelt der Salzgeschmack des nahen Meeres, und wenn dann noch der Mistral anhebt, beginnen die Zweige der Zypressen zu singen. Ja, sie ist schön, die Provence!

Ihr Herz ist Arles, die Stadt an der Rhone. Dort waren wir zu Gast, im Hotel „Forum" an der Place du Forum, unter deren Platanen Vincent van Gogh gemalt hat. Der Omnibus stand, Parkplatzschwierigkeiten wegen, dreihundert Meter entfernt am breiten Boulevard des Lices.

Die Fahrt in die Provence war lang gewesen, das Abendmenü hatte sich lang hingezogen und so zogen sich auch die Reiseteilnehmer zeitig zurück in ihre Betten. Unter ihnen befanden sich zwei, die besonders liebenswürdig waren, und das ist ganz und gar nicht spöttisch gemeint. Sie hießen im Omnibus nur „die Baronin" und ihr „Adalbertchen", ein Titel und ein Name, die beide Gültigkeit besaßen. Baron Adalbert lebte mit seiner Frau als Vertriebener aus der ostdeutschen Heimat auf dem nordwürttembergischen Schloß Stetten, und wenn der alte Herr auch ein Grandseigneur war vom Scheitel bis zur Sohle (ein Eindruck, der noch verstärkt wurde durch einen wegen eines Reitunfalls notwendig gewordenen, silbergriffigen Stock), so besaß er doch zugleich ein gütiges, freundliches Herz. Was man, ins weibliche übertragen, auch von der Baronin sagen konnte, nur hatte sie neben der Bläue auch Pfeffer im Blut.

Am barönlichen Zimmer nun schritt an jenem müden Abend der Eugen vorbei, einer der beiden Männer, die den Omnibus in die Provence chauffiert hatten. Sei 's nun, daß der Baron und die Baronin den Eugen an seinem etwas massigen Schritt erkannten, sei 's, daß sie überhaupt ein Gespür besaßen für die Nähe eines dienstbaren Geistes, jedenfalls öffnete sich die Türe einen Spaltbreit und die Baronin flötete: „Ach, Eugen, Sie sind doch so freundlich und holen mir mein Kosmetikköfferchen aus dem Omnibus. Ich benötige es."

Der Eugen marschierte trotz der absolvierten tausend Omnibuskilometer zum Omnibus und kehrte mit einem Behältnis zurück, doch als er es durch den Türschlitz reichen wollte, bekam er zu hören: „Das ist leider nicht das Kosmetikköfferchen, das ist das Schuhköfferchen. Ach, Eugen, würden Sie . . ."

„Nein", sprach nun der Eugen mit bürgerlicher Würde, „ich bin jetzt auch müde. Bitte behelfen Sie sich ohne Ihr Kosmetikköfferchen."

Leicht indigniert nahm dies die Baronin zur Kenntnis, aber als wenig später der Conny, der zweite Mann am Steuer, vorbeischritt, ging die Türe wieder auf.

„Conny", hieß es nun, „Sie sind doch ein so lieber Mensch! Nicht wahr, Sie holen mir doch mein Kosmetikköfferchen aus dem Gepäcknetz?"

Der Conny war (und ist auch noch) ein netter Mensch, und so wandelte er zum Omnibus und mit dem Köfferchen in der Hand wieder zurück. Vielleicht hatte er im Wagen noch sonst etwas zu tun gehabt, vielleicht war er auch noch durch eine der arlesischen Altstadtgassen geschritten, jedenfalls hatte es eine Verzögerung gegeben, und als er an die Zimmertüre klopfte, ging diese nicht auf, sondern es ertönte ein gedämpftes „Entrez, Conny!“

Der Conny trat ein und stand dem adligen Paar gegenüber, das sich bereits auf das Nachtlager zurückgezogen hatte. Beide saßen aufrecht, je ein Kissen in den Rücken gestopft, im Bett. Der Baron trug dazu eine weiße Nachtmütze und die Baronin ein spitzenumwölktes Negligé.

„Hier ist“, meinte der Conny, als er sich von seiner ersten Überraschung erholt hatte, „das Kosmetikköfferchen“, und übergab es mit einer leichten Verbeugung der Baronin.

Diese nahm das Requisit ihrer reifen Schönheit entgegen, doch statt ihrer erklärte sich der Baron. „Conny“, sprach er mit ungemeiner Würde, „dafür werde ich Ihnen morgen früh Dank sagen.“

Denn im Nachthemd und mit Zipfelmütze sagt nun einmal ein echter Baron nicht Dankeschön!

GRANDLIT IN KESTENHOLZ

Auf der ersten von mir organisierten Reise fuhren zwei Eisenhändler mit, beide in derselben kleinen Stadt geschäftig und darum auch heftige Konkurrenten. Sie hatten von der jeweils anderen Teilnahme nichts gewußt, sonst wären sie mit Sicherheit beide zuhause geblieben.

So aber hockte vorne links der Theo im Omnibus und hinten rechts der Ernst, und als es das erste Essen in Straßburg gab, vermieden sie es sorgsam, an den gleichen Tisch zu kommen.

Nach Straßburg ging es hinauf auf den Odilienberg, wo die heilige Odilia, rührendste unter den Legendengestalten des Elsaß, sich ihr Kloster gebaut hat, dann kam noch die elsässische Weinstraße und die Hochkönigsburg und dann fuhr der Omnibus an Madame Hermanns Gastetablissement vor.

Es liegt in Châtenois, zu deutsch Kestenholz, und wer Madame Hermann und ihren kochenden Monsieur nicht erlebt hat, hat für alle Zeiten etwas versäumt, denn sie lebt und er kocht nicht mehr.

Jedes Essen war dort ein Grandmenü Dimanche mit unzähligen, köstlichen Dingen und hinterher zelebrierte Madame Hermann ihren hausgebrannten Mirabelle, ein Wässerlein, von dem sie sagte, daß es jeden unguten Gedanken aus der Seele treibe und den ganzen inneren Menschen fröhlich mache.

Doch bevor damals die Reisegesellschaft ein solches Grandmenü genießen durfte, kam die Zimmerverteilung.

Oh, die Zimmer von Madame Hermann entsprachen nicht der Güte ihrer Mahlzeiten, doch nahm sie jeder dafür in Kauf! Die Betten waren so hochbordig wie ein altes Kauffahrerschiff aus Marseille, in den Steppdecken befanden sich noch mehr Löcher als in der Hose eines Pariser Clochards und die Leintücher übertrafen mit ihren Fransen glatt jede Freicorpsfahne aus der französischen Revolution. Wer erst ein Grandlit erwischte, konnte sicher sein, mit seinem Bettnachbarn die volle Nacht hautnah zu bleiben, denn in ihrer Mitte befand sich eine Steilsenke, gegen deren Tiefe nicht einmal die Gorges du Verdon aufzukommen vermochten.

Vermutlich weil sich jeder weit zurück in eine andere Ecke verzogen hatte, standen die beiden Eisenhändler am Ende der Einzel- und Doppelzimmervergabe noch solo da, und übrig war lediglich ein Gemach mit einem zwar zweischläfrigen, aber einbettdeckigen Grandlit.

„Nichts zu machen", tat ich die von entgegengesetzten Seiten herkommenden Proteste ab, „jetzt sind alle anderen schon oben und keiner gibt mehr sein Einzelbett für ein Grandlit her."

Der Theo und der Ernst nahmen daraufhin ihre Koffer auf, musterten mich mit einem Blick, der so voll Gift war wie der Bißzahn einer indischen Königskobra und gingen gemeinsam ab.

Das Grandmenü genossen sie wieder getrennt, und auch noch den Mirabellenschnaps von Madame.

Bei dem blieb es allerdings nicht, der Abend geriet der gesamten Reisegesellschaft noch äußerst fröhlich, und die ersten stiegen gegen Mitternacht ins Nest, die letzten wesentlich später. Unter ihnen befanden sich die beiden eisenhändlerisch tätigen Bettgefährten.

Die Nacht verrann jedoch friedlich und ohne Meuchelmördergebrüll.

Am nächsten Morgen saß ich an meinem Tisch und genoß das karge französische Frühstück (mein Chauffeurfreund Eugen sagte immer, diese Kargheit käme daher, daß die Franzosen am Morgen abgeschlafft seien, während sie abends der neu aufkommenden Liebe wegen ein kräftiges Mahl bräuchten), als der Theo und der Ernst auf mich zutraten.

„Dein letztes Stündlein ist gekommen", durchzuckte es mich und ich blickte stumm auf das ärmliche Henkersmahl.

Doch keine verdammenden Stimmen drangen auf mich ein, sondern zwei freundliche.

Es sei, so bemerkten sie, bisher noch niemand gelungen, zwei Eisenhändler unter eine Decke zu bringen. Heute Nacht habe dieses Ereignis erstmals stattgefunden. Und im übrigen hätten sie miteinander gesprochen und beschlossen, künftig gute Kollegen derselben Branche zu sein.

Was sie auch taten mit dem Erfolg, daß die Ernstsche Tochter den Theoschen Sohn heiratete, beide Geschäfte nur noch eins und auch schon längst Enkel da sind.

Wer möchte daran zweifeln, daß es der Mirabelle der Madame Hermann war, der dieses Wunder vollbrachte!

Wenn sie nur noch leben und davon brennen würde und gäbe allen Politikern dieser Welt davon zu trinken, auf daß sie so werden möchten wie die beiden Eisenhändler unter ihrer Decke im Grandlit bei Madame Hermann in Kestenholz!

FALSCHER WOCHENTAG

Das Grandhotel von Locarno verdient seinen Titel nicht. Denn unter einem Grandhotel stellt man sich ein Riesenetablissement vor, in dem sich beim Dinner die männlichen Gäste von den Kellnern nur dadurch unterscheiden, daß die ersteren in der Regel farbige und die letzteren durchweg dunkle Schlipse und alle die Nase gleich hoch tragen.

Das Grandhotel von Locarno ist hingegen ein gemütliches Haus. Es besitzt Würde (schließlich wohnten bei der berühmten Locarnokonferenz einige Delegationen dort), aber ebenso Behaglichkeit. Wo kommt es zum Beispiel sonst vor, daß auf die Frage einer Reiseteilnehmerin, warum anstelle der kostbaren Blumen nicht einmal Alpenrosen auf den Tischen stehen könnten, der Saalchef seine gesamten Pagen losschickt und am Abend der Speisesaal ein Meer von Alpenrosenblüten ist?

Man kann also, abgesehen davon, daß es seinen Preis hat wie alle großen Schweizer Häuser, im Grandhotel von Locarno gut einkehren. Ich tat dies auch mit einer speziellen Gruppe. Das Spezielle an ihr war, daß es sich um den Ausflug eines Kommunalparlaments handelte, den zu organisieren man mich gebeten hatte.

Wir kamen erst spätabends nach einem langen Fahrttag in Locarno an. Dort ging es zuerst ans Zimmerverteilen, die schwierigste Arbeit für einen Reiseleiter, besonders bei Gruppenreisen mit einem Einheitspreis.

Teilt er selbst die Zimmer zu, bekommt er bestimmt Ärger, weil der eine beispielsweise ein Zimmer mit Bad und WC sowie herrlichem Blick auf den Lago Maggiore hat und der andere eins ohne Bad und WC mit Blick auf die Straße.

Überläßt er aber die Einteilung dem Hotel, so erhält bestimmt der einzige Fahrtteilnehmer mit Holzbein das Zimmer im obersten Stock ganz hinten links.

Die Herren vom Kommunalparlament einschließlich der auf eigene Kosten mitgefahrenen Ehefrauen (der Bürgermeister betonte dies bei seiner Begrüßungsansprache im Omnibus mindestens dreimal) erwiesen sich jedoch als lauter liebe, verständige Leute. Sie verschwanden ohne Murren auf ihren Zimmern.

Es war also nur eine milde Erschöpfung, in der ich mich in einen der abgrundtiefen Lehnsessel fallen ließ, welche die Empfangshalle des Grandhotels von Locarno zieren.

In diesem Fauteuil ruhte ich noch immer wohlverborgen, als die ersten Gäste bereits wieder erschienen. Sie schritten hüben wie drüben die breiten Freitreppen herunter, winkten sich zu und gaben sich gegenseitig ihre Erfahrungen kund.

„Na, habt ihr ein schönes Zimmer?", erscholl es von der linken Seite her. Und von der rechten kam die Antwort: „Ein prima Zimmer, ganz primaaa! Sogar ein Bad haben wir! Schade, daß heute nicht Samstag ist."

HERZ UNTER DER UNIFORM

Der Kadarka, jener milde, fast noch roséfarbene Rotwein Ungarns, wächst ganz vortrefflich in Szekdszard, einer kleinen Stadt im Südosten des Landes. Hierhin gelangten wir im Verlauf einer zwölftägigen Ungarnrundreise, auf der wir schon unzählige Flaschen Kadarka geleert hatten, und nun wollten wir auch einmal sehen, wo dieser Wein gekeltert wird.

Zu diesem Zweck fuhren wir am frühen Abend mit unserem Omnibus auf die Hügel am Rand der Stadt, auf denen der Kadarka wächst und auch gleich gepreßt und in die Fässer gefüllt wird.

Wir wurden ungemein gastfreundlich empfangen. Zuerst gab es eine Führung durch die Rebanlagen, danach wurde das Keltereigebäude mit seinen technischen Einrichtungen besichtigt, und dann gingen uns die Augen über. In einem gewölbten Kellerraum stand ein riesiger Tisch, fünfundzwanzig Stühle hüben, fünfundzwanzig Stühle drüben, und dazwischen Karaffen mit funkelndem Wein, und das Gefunkle kam von ein paar Dutzend Kerzen, die den Raum erhellten. Neben den Karaffen Holzplatten mit goldgelber Butter, gebratenem Fisch, Käselaiben und dunkelbraunem Brot.

Im Hintergrund geigte ein kleines Zigeunerorchester, und die Burschen und Mädchen, die zu unserer Bedienung aufgestellt standen, trugen die bunte Landestracht.

Der Kadarka floß an diesem Abend in Strömen, nicht zuletzt des fidelen Kellermeisters wegen. Er schleppte immer neue Flaschenbatterien herbei, erzählte in seinem ungarisch gefärbten Deutsch Anekdötchen, daß die Damen schiergar noch roséfarbener anliefen als der Kadarka und tat alle Einwände ab, wenn einer oder eine nicht mehr trinken wollte.

„Miessen Sie machen die Fingärprobe", sagte er und demonstrierte die Sache. „Sie miessen steckän den kleinen Fingär von rächte Hand in rächte Ohr, so! Und wenn Sie dann herausziehen Fingär und är ist noch trockän, Sie haben noch nicht zuviel getrunkän. Wenn är aber ist naß, dann miessen Sie aufhären, weil sich dann das Gehirn ärtränkt, wo ist darieber."

Die Ertränkung fand wenig später statt, als der größte Teil der Omnibusbesatzung beschloß, nicht heimzufahren, sondern heimzulaufen ins Hotel. Denn genau halbwegs brach ein Gewitter los, bei dem es noch ärger blitzte und krachte, als wenn im Bayreuther Festspielhaus das Gespensterschiff des „Fliegenden Holländers" auftaucht.

„Oh je", jammerte eine schon ältere, aber noch immer auf ihre Attraktivität bedachte Reisedame, „ich war erst heute nachmittag beim Hotelfriseur, und jetzt geht mir die ganze neue Frisur kaputt!"

Tief sozial, wie Reiseleiter nun einmal sind, zog ich meine Jacke aus und hing sie der Dame über den Kopf, so daß diese einigermaßen beschützt im Hotel ankam.

Doch als sie mir dort die Jacke wiedergab und ich instinktiv nach meiner deponierten Brieftasche griff, war diese weg. Samt der darin befindlichen rund dreitausend Deutschen Mark, die ich nach und nach in ungarische Forinth zur Bezahlung von Eintritten, Führungen und folkloristischer Veranstaltungen umtauschen wollte.

Dreitausend Mark sind viel Geld, und darum schlug ich sofort Alarm. Ein paar mannesmutige Reiseteilnehmer erklärten sich bereit, eine Suchkolonne zu bilden und den Weg zurückzulaufen.

Der Regen prasselte nur so herunter, als wir durch die dunklen Straßen Szekdszards schritten, den Blick nach unten gesenkt, um im rinnenden Wasser die Brieftasche zu entdecken.

Da wurden wir durch einen Anruf jäh gestoppt. Er drang von einem an einer Straßenkreuzung haltenden Polizeifahrzeug her, dem zwei Polizeibeamte und ein junger Mann in Zivil entstiegen.

„Suchen Sie etwas?", fragte in fast fließendem Deutsch einer der beiden Polizeibeamten, seinen Rangabzeichen nach ein Mann von höheren Dienstgraden. Als wir antworteten: „Ja, eine Brieftasche", kam verblüffenderweise die Feststellung zurück: „Dann sind Sie der Wankmüller!"

Diese Kenntnis meines Namens klärte sich schnell auf. Der Polizeioffizier deutete auf den jungen Mann: „Er hat Ihre Brieftasche gefunden und sie auf die Polizeiwache gebracht."

Der junge Mann war, wie sich herausstellte, ein Student, er hatte die Brieftasche geöffnet, auf Grund des Ausweises einen deutschen Touristen als Eigentümer erkannt und sicher auch die dreitausend Mark entdeckt.

Das ist viel Geld in Ungarn, sehr viel sogar, wenn man an den Umtausch auf dem schwarzen Markt denkt. Eine leere Brieftasche wäre schnell in einen Gully verschwunden und ein Studium finanziert gewesen. Doch er tat nicht so und ging stattdessen zur Polizei.

Voll inbrünstiger Dankbarkeit griff ich daher nach meinem Geldbeutel, um dem jungen Mann einen Finderlohn zu geben, doch dort befand sich in ungarischer Währung nur ein Gegenwert von vielleicht vierzig Mark, ein schäbiger Lohn für einen solch ehrlichen Finder.

Ich nahm daher drei Hunderter aus der tropfnassen Brieftasche und wollte sie dem jungen Mann in die Hand drükken, als ich gebremst wurde.

„Halt", rief der Polizeioffizier, „Sie dürfen einem ungarischen Staatsbürger kein ausländisches Geld geben. Das kann ich nicht zulassen."

„Bitte", sagte ich, „haben Sie doch ein Einsehen! Ich habe nur ein paar Forinth in der Tasche, und morgen früh fahren wir weg, ehe ich Geld wechseln kann. Der junge Mann hat es doch verdient."

Der Polizeioffizier ließ sich auf keine Diskussion ein. Doch dann geschahen mehrere Ereignisse blitzschnell hintereinander.

Über die Kreuzung fuhr ein Auto, der Polizeioffizier deutete mit der Hand darauf und stieß einen lauten Ruf aus, als sei an dem Wagen etwas äußerst polizeiwidriges, er und sein Begleiter machten eine Kehrtwendung und starrten dem entschwindenden Fahrzeug nach und gleichzeitig erklang leise, aber eindringlich die Stimme des Polizeioffiziers in mein Ohr: „Hat er 's?"

„Ja", raunte ich, denn die Transaktion war vollzogen.

Wir wollten die beiden Polizeibeamten noch zu einem Kognak einladen, doch der Polizeioffizier meinte, das gehe nicht. Ein paar feuchtnasse Ausländer und inzwischen ebenso begossene Polizisten, die lang nach Mitternacht miteinander in eine Hotelbar gingen, das errege Mißtrauen. Doch wir sollten noch fünf Minuten unter einem Torbogen warten und dann erst ins Hotel gehen. Wenn dann zufällig zwei ungarische Polizeibeamte an einem Tisch säßen und wir sie bäten, ob wir auf den noch freien Stühlen Platz nehmen dürften, könnten sie dies aufgrund der bekannten ungarischen Gastfreundlichkeit nicht abschlagen.

So geschah's, und es gab eine zweite tiefe Ertränkung. Nach dem Rat des Kellermeisters unternahm ich mehrmals die „Fingärprobe", und ich habe den Verdacht, daß die Kuppe zum Schluß ziemlich naß war.

Wenn ich wieder einmal nach Szekdszard komme und den Polizeioffizier sehe (hoffentlich ist er inzwischen Major und noch mehr), werde ich tief den Hut ziehen oder mich, falls ich keinen solchen aufhabe, noch tiefer verbeugen. Nicht aus einem Untertanengefühl heraus, sondern als Dank für soviel Menschlichkeit.

EIN SCHÖNES SPIEL

Das Stichwort „Bayreuth“ ist vorhin gefallen, und dazu gehört eine Geschichte, deren Hauptheldin die Frau Pauline ist.

Sie war, wie schon geschrieben, auf vielen Reisen dabei, aber von einer hatte ich sie bisher fernhalten können, von einer Musikfahrt zu den Bayreuther Festspielen.

„Frau Pauline“, sagte ich ihr, wenn sie wieder einmal ihre Bayreuth-Gelüste signalisierte, „das ist stinklangweilig. Stellen Sie sich vor, da sitzen im ‚Tristan‘ zwei Leute eine Stunde lang auf dem Sofa und singen sich tatsächlich Arien ins Ohr. Fahren Sie lieber mit auf die Seiseralm, da wird wenigstens gejodelt.“

Aber die Frau Pauline schaffte es doch nach Bayreuth zu kommen. Als ein Wagner-Fan im letzten Augenblick seinen Platz zurückgeben mußte, stand sie zufällig am Reiseschalter, und so holten wir sie tags darauf an ihrer Straßenkreuzung ab.

Die Frau Pauline hüpfte diesmal noch höher, mindestens so hoch wie die Rheintöchter, wenn sie im „Ring“ einen besonders starkwadigen Walhalla-Asen auf sich zukommen sehen, und am Abend saß sie im Festspielhaus auf einem der vordersten Plätze und hörte sich die berühmte „Meistersinger“-Inszenierung Wieland Wagners an.

Anfangs verhielt sie sich, wie ein hinter ihr plazierter Reiseteilnehmer bezeugen konnte, ganz wagnergemäß-andächtig. Sie verfolgte voll Spannung, wie der Ritter Walter von Stolzing der schönen Eva in der Kathedrale begegnete und sofort in Liebe entflammte. Zu des Ritters Erzählung „Am stillen Herd in der Winterszeit, wann Burg und Hof mir eingeschneit“ nickte sie beifällig, denn sie hatte auch einen Hof zu Hause, allerdings keinen Minne- sondern einen Bauernhof, aber als dann nach zwei Stunden Sachsens Werkstatt auf der Bühne erschien und der Meister auf seinem Schustersessel zornig anstimmte: „Wahn! Wahn! Überall Wahn! Wohin ich blick', in Stadt- und Weltchronik“, da vermeinte sie offensichtlich, daß einem solchen Ärgernis beim Meister wie bei ihr nur durch ein gutes Vesper abzuhelfen sei.

Die Frau Pauline schritt umgehend zur Tat. Während der Ritter anhob, dem Schuster seinen hehren Traum zu erzählen, knackte durchdringend ein Handtaschenverschluß. Dieser jähe Laut wäre wegen seiner Einmaligkeit noch zu vergessen gewesen, aber nun folgte ein anhaltendes Papierrascheln, das angesichts der unvergleichlichen Akustik des Bayreuther Festspieltempels noch ohrensprengender klang als das Donnergrollen beim Auftauchen des „Fliegenden Holländers“. Nicht genug damit, vernahmen die entsetzten Wagner-Jünger auch noch jene heftigen Biß- und Kaugeräusche, die ein mit gutem Appetit essender Mensch nun einmal entwickelt.

„Pst“, „Ruhe“, „Unerhört“, zischte es von allen Seiten, aber die Frau Pauline blieb unangefochten und aß weiterhin ihr Leberwurstbrot.

Als sie damit fertig war, verfolgte sie aufmerksam weiter, wie der edle Ritter sein Preislied sang, der gehässige Bäckermeister seine Abfuhr erlitt und die beiden Liebenden sich schließlich fanden.

Daß sie ein reifes Urteil über diese Bayreuth-Inszenierung zu geben imstande war, bezeugte sie wenig später beim Wiedereinstieg in den am Fuße des Festspielhügels wartenden Omnibus.

„Das war schon ein schönes Spiel“, ließ sich die Frau Pauline hören. „Jawoll, die singen so gut wie daheim unser Gesangverein!“

DON FRANCO VON DEN VÖGELN

Don Franco Buffoli, Pfarrer der Kollegiatkirche von Bellinzona im schönen Tessin, Professor für katholische Theologie und Rundfunkkommentator von Radio Lugano, ich werde ihn nie vergessen. Leider ist er viel zu früh seinem leibhaftigen Vetter, dem Pacelli-Papst, dorthin nachgefolgt, wo die Vögel des heiligen Franz von Assisi in ungestörtem Frieden ihre seligen Lieder singen dürfen.

Er liebte alle Geschöpfe, mein Freund Don Franco, aber am allerliebsten breitete er die Arme aus über seinem Kinderchor, dem Corale Bambini Bellinzonesi. Dessen Mitglieder, alle so zwischen fünf und zwölf Jahre alt, kommen aus Bellinzona selbst, aus den umliegenden Dörfern und aus den Monti, den winzigen Sommersiedlungen auf den Bergen oberhalb des Tessintales.

Wenn er mit ihnen im Omnibus zu einem Konzert fuhr oder sie wieder heimbrachte, dann erzählte er ihnen die wunderlichsten Geschichten, und am schönsten war es, wenn er das Gezwitscher der Vögel nachahmte, und das konnte er in unvergeßlicher Weise, war doch sein Lieblingsheiliger eben jener Mann von Assisi, der die Armen beschützt und alles Gefiederte.

Vor Jahren hatten wir einmal ein Konzert mit dem Corale Bambini Bellinzonesi in der Albergo Losone, einem bezaubernden Hotel am Ufer der Maggia zwischen Locarno und Ascona.

Die Kinder sangen mit ihren hellen Stimmen „La Filovia die Malvaglia", das Lied von der Kuh, die mit einer Drahtseilbahn auf den Berg fährt, das Lied von Cavergno im Val Bavona, in dem es um ein schönes Mädchen geht, das bei einer Zugfahrt allen jungen Männern den Kopf verdreht, das Tessiner Kuckuckslied und noch viele andere, verzehrten hinterher in Windeseile eine von den Zuhörern gespendete riesige Eistorte, und dann war es Zeit zur Heimfahrt.

Wir hatten die Kinder von Bellinzona zur Albergo Losone mit unserem deutschen Omnibus gebracht, und damit fuhren sie auch wieder heimwärts.

Beim Verabschieden wurden wir Zeugen eines Gesprächs, das Don Franco mit seinen Schützlingen führte. Er tat es auf Italienisch, aber man verstand jedes Wort, denn Don Franco besaß neben seiner Vogelstimmen- und Wortgewalt auch die Gewalt der Mimik.

Sie sollten, so erklärte er ihnen, ja beim Aussteigen in Bellinzona nicht vergessen ihre Mäntelchen anzuziehen. Der Abend sei kühl, ließ er sie wissen, und sie könnten sich Erkältungen zuziehen und dann morgen nicht in die Schule oder, was noch viel schlimmer sei, ein paar Tage nicht singen.

Der gute Don Franco ging in seiner Sorge um die kleinen Buben und Mädchen sogar so weit, daß er ihnen die Gefahren der Hölle vor Augen führte, von denen sie bedroht seien, wenn sie ohne Mantel durch die zugigen Gassen von Bellinzona gingen oder hinauf zu ihren Höhendörfern.

Die Kinder kannten ihren Don Franco und versprachen hoch und heilig ihr Mäntelchen mitzunehmen, doch erbaten sie sich dafür ein Vogelgezwitscher, la Merla sollte singen, die Nachtigall, und schon zwitscherte er so innig und sehnsüchtig durch den Omnibus, wie man es sonst nur am Uferweg von Rivapiano entlang dem Lago Maggiore hören kann oder in Fontana Martina oberhalb Ronco.

Eine Stunde später kehrte der Omnibus zurück. Ich saß noch mit ein paar Reiseteilnehmern bei einem Boccalino Merlot, als Helmut, der Fahrer, sich nach getaner Arbeit zu einem Bier einfand.

„Na“, fragte ich, „hast du das heitere Volk gut heimgebracht?“

„Alles in Ordnung“, sprach der Helmut, „nur hängt da noch im Bus ein großer, schwarzer Mantel“, und als ich ahnungsvoll nachsah, war es eindeutig der von Don Franco und in seiner Tasche klirrte sein Schlüsselbund.

„Armer Don Franco“, empfanden wir alle, „nun kann er nicht in seine Wohnung im zur Zeit ferienleeren Priesterseminar und muß sich die kühle Nacht von Bellinzona um die Ohren schlagen.“

Wir beschlossen schon die Schlüssel samt Mantel in einem Taxi nachzufahren, da traf aus Bellinzona ein Telefonanruf ein.

Es war Don Franco, der da anrief und kundtat, man solle sich nicht sorgen, er befinde sich bereits in seiner Wohnung. Auf die Frage, wie er da hineingekommen sei ohne Schlüssel, erfuhren wir es: Der Vetter des Papstes, Pfarrer an der Kollegiatkirche, Theologieprofessor und Kommentator von Radio Lugano, hatte einen Gitterrost vor einem Kellerfenster des Priesterseminars hochgehoben, die Scheibe aus der Fassung gedrückt (ohne daß sie kaputtging, wie er stolz wissen ließ), und dann war er bäuchlings eingedrungen.

Sicher war es der von ihm beschworene Höllenfürst gewesen, der ihn Mantel und Schlüsselbund hatte vergessen lassen, aber ebenso sicher hatte der heilige Franz seinen Vogelfreundkollegen Don Franco den rechten Weg durchs Kellerfenster geführt.

Wer vermochte ihn nicht zu lieben, den Don Franco Buffoli aus Bellinzona im schönen Tessin?

DER KNOCHENWURF VON DALHOUSIE CASTLE

Auf dem Weg zum legendenumwobenen Loch Ness machten wir mit unserem Omnibus Halt in Edinburgh, übrigens eine der schönsten Städte Europas. Sie besitzt Reife, Kultur, Schönheit, all die Attribute, die man – irrender- oder berechtigterweise – jener Maria Stuart zuschreibt, die von hier auszog, um ihr Königreich, ihr Herz und schließlich auch noch ihren Kopf zu verlieren.

Nicht weit von Edinburgh liegt Dalhousie Castle, ein tagsüber finsteres Gemäuer, das aber an manchen Abenden zu strahlendem Leben erwacht, dann immer, wenn das erlebnisgierige Volk der Touristen dort einkehrt.

Wir fuhren hinaus nach Dalhousie Castle, wo ich ein starkes schottisches Mahl bestellt hatte samt zugehöriger Getränke und einer Unterhaltung mit originaler schottischer Musik. Zur Verstärkung des Schloß- und Dorfensembles hatte ich sogar einige Mitglieder der Edinburgher Oper verpflichtet, und so versprach es, ein großer Abend zu werden.

Auf der Fahrt zum Schloß bereitete ich meine Reiseteilnehmer auf das vor, was sie in Dalhousie Castle erwartete, insbesondere auf den Umstand, daß ihnen dort außer einem Holzlöffel für die Suppe und einem Hirschfänger zum Zerschneiden der Sehnen lediglich noch ihre Finger als Eßgeräte zur Verfügung stünden.

„Man macht es wie die alten schottischen Rittersleut'", erklärte ich. „Die griffen sich solch ein halbmeterlanges Hammelbein mit der einen Hand rechts und mit der anderen Hand links, und in der Mitte nagten sie. Waren sie fertig, warfen sie das Ding einfach über die Schulter. Dort stand ein Knappe, der den Knochen auffing und an den Hund des Ritters weitergab, der den Knochen vollends blankfraß."

Am Schloßeingang wurden wir von einem Dudelsackspieler empfangen, der so gravitätisch auf- und abmarschierte, als sei er Seine Lordschaft persönlich, und die lieben Deutschen konnten wieder einmal rätseln, ob ein Schotte ein Höschen, Windeln oder gar nichts unter seinem Kilt trägt.

Danach wurden wir in den großen Saal geführt. Grobe Holztische erwarteten uns dort, ebensolche Stühle mit Stuhlbeinen, von denen jedes glatt genügt hätte, einen schottischen Bären zu erschlagen, ein flackerndes Feuer brannte im offenen Kamin, eine mächtige, verrußte Balkendecke war oben, ein steinerner Fußboden war unten, an den Wänden hingen schwere Gobelins und im ganzen Raum war der Lichtschein unzähliger, riesiger Kerzen, die auf metallenen Ständern steckten.

Kaum saß die Gesellschaft, eilte eine Schar hübscher Maiden herbei, deren knapp geschnürte Mieder so gut eingeschenkt waren wie die Holzbecher, die sie vor uns stellten.

Wir tranken lustvoll den goldgelben Honigmet, und danach kam der erste Gang, ein Cock-a-leekie, wie eine spezielle schottische Suppe heißt, zu der man neben viel Graupen und Lauch einen möglichst zähbeinigen Hahn braucht, der vier Stunden lang gekocht werden muß, dann aber die herzhafteste Brühe hergibt.

Den Beweis, daß Schottland auch über zartes Fleisch verfügt, gab es hinterher: Die Mädchen offerierten zu ihren an- und einsehnlichen Dekolletés ein wundervoll angebratenes Croft-Steak, gewürzt mit Thymian und Pfefferminz, wie es die Landesküche will. Und danach erst folgte das Hauptgericht, frisch vom Feuer genommenes Hammelfleisch, und jetzt ging es so urig zu wie dereinst bei den alten schottischen Edelleuten. Die Damen und Herren packten beidhändig zu und nagten so eifrig, als seien sie das Ungeheuer von Loch Ness, das gerade einen fetten Engländer am Ufer erwischt hat.

Bei diesem Vollzug fiel einer der Reiseteilnehmerinnen – Witwe eines renommierten Chefarztes, aber sonst von frohem Gemüt – meine Schilderung von den Eßgewohnheiten der alten schottischen Rittersleut' ein. Beschwingt vom Met und ebenfalls reichlich genossenem Whisky griff sie einen eben blankgefieselten Wadenknochen, schrie „Olé" (oder was sie halt sonst dachte, daß die alten Rittersleut' bei dieser Gelegenheit geschrien hätten) und warf ihn hinter sich.

Doch da befanden sich weder Knapp' noch Hund, sondern eine der armdicken Kerzen. In diese hatte die Hitze bereits eine tiefe Kuhle geschmolzen, und genau in diese landete das Hammelbein. Eine Wachsfontäne stieg hoch, gleich einem wildgewordenen Islandgeysir, schwappte über und traf einen arglos in der nächsten Reihe sein Hammelfleisch verzehrenden Menschen.

Es war dies der Barbarossa, wie wir ihn alle heimlich nannten, ein alleweil freundlich gesonnener, noch beachtlich junger Oberamtsrat. Der trug neben einer goldgefaßten Brille ein rötlich gelocktes Haupthaar, einen ebensolchen Vollbart und dazu noch einen bildschönen neuen Cordsamtanzug. All diese Schönheit überzog sich in der folgenden Viertelsekunde mit einer dicken, rasch erstarrenden Wachsschicht. Der Barbarossa glich jetzt selber einer Tropfkerze, aus welcher der Bart als Docht hervorragte, doch war glücklicherweise dem Mann sonst nichts wesentliches geschehen und verbrannt.

In seinem wächsernen Zustand konnte er allerdings nicht bleiben, und so schafften ihn die Werferin sowie einige andere aktive Damen in ein Schloßgelaß, in dem neben einem Tisch ein Bügeleisen zur Verfügung stand.

Hier wollten sie den Delinquenten ausziehen, doch weigerte sich dieser beharrlich. Der Barbarossa wurde daraufhin zwangsweise, aber vollbekleidet auf der Tischplatte ausgelegt und mit flaumigen, wachssaugenden Servietten abgedeckt, wonach ihn die Damen mit dem heißen Eisen bestrichen.

Der Ärmste wollte sogleich hochfahren und flüchten, aber da ihn zahlreiche starke Frauenarme festhielten, blieb ihm nichts weiteres übrig, als ein ohnmächtiges Schreien. Er tat dies so laut und schauerlich, daß es durch sämtliche Räume hallte und eine der anwesenden Künstlerinnen, ein feinnerviger, empfindsamer Sopran von der Edinburgher Oper, vermeinte, das berüchtigte Schloßgespenst von Dalhousie Castle kündige sein Wiedererscheinen an, weshalb sie umgehend ein Taxi bestellte und auf ihre Arie wie Gage verzichtete.

Die Reinigung des hingestreckten Oberamtsrats gelang hingegen vollkommen. Gottlob, wie man sagen muß, würde er doch sonst heute im Wachsfigurenkabinett von Madame Tussaud in London stehen — als Schloßgeist von Dalhousie Castle mit gewachstem Bart.

„ADALBERTCHEN, RETTE MICH!"

Wir standen vor den Bildern des Amsterdamer Reichsmuseums. Wir, das war eine Schar von Kunstfreunden, die gemeinsam eine Reise in die Niederlande unternommen hatten. Dabei waren auch der Baron von Seher-Thoß, der hier schon einmal unter dem Namen „Adalbertchen" aufgetaucht ist, und seine muntere Baronin.

Wenn an vielen Tagen der Pariser Louvre einer Metrostation gleicht, durch welche die Menschen hasten, so ist das Reichsmuseum eher ein Ort der Stille (nur die Amerikanerinnen geben dort Laut und die Engländerinnen: „O, is this not a very lovely picture, my dear?" — „Yes, indeed, it is a very, very lovely picture!"). Rembrandt van Rjin, Jacob van Ruisdael, Jan Vermeer, und wie sie alle heißen, die holländischen Meister, sie scheinen zwischen diesen malerheiligen Wänden den Finger an den Mund zu legen und zu sagen: „Bedenkt, mit wieviel Ehrfurcht vor dem Schönen wir gemalt haben. Bringt unseren Bildern die gleiche Andacht entgegen."

Die Wanderung durch ein großes Museum macht müde, auch wenn jeder fünfte Schritt eine Begegnung und ein Erlebnis bedeutet. Darum war auch hinterher das Essen im Restaurant des Reichsmuseums verdient.

Anschließend stand der Besuch des Städtischen Museums auf dem Programm, in dem vornehmlich die Werke der Maler des jetzigen und des letzten Jahrhunderts hängen.

Das Städtische Museum liegt im gleichen Viertel wie das Reichsmuseum, und so hatte ich angeordnet: „Wir gehen zu Fuß hin. Es sind nur ein paar hundert Meter, und der Omnibus hat dort erhebliche Parkschwierigkeiten."

Die Reiseteilnehmer nahmen die Gelegenheit zu einem Spaziergang durch die frische Luft gern wahr, doch als ich eine Viertelstunde später in der Eingangshalle des Städtischen Museums die Häupter meiner Lieben zählte, sieh' da, es fehlte manch' teures Haupt.

„Die hocken garantiert noch im Restaurant und genehmigen sich einen", empfand ich mit jähem Reiseleiterzorn, aber als ich ins Reichsmuseum zurückgerannt war, und im Restaurant nachsah, saß dort kein einziger Mensch aus meiner Gruppe.

„Dann haben sie einen anderen Weg eingeschlagen und sind inzwischen im Städtischen Museum angekommen", schloß ich messerscharf und raste, bereits stark transpirierend, retour.

Aber mein Messerschluß erwies sich als Trugschluß, doch erfuhr ich nun von den noch immer in der Eingangshalle harrenden, daß es ausschließlich Damen waren, die fehlten.

Ich galoppierte also im Stil eines Galopphengstes erneut zurück zum Reichsmuseum, und da man vermißte Reiseteilnehmerinnen entweder an einem Ansichtspostkartenstand oder auf der Damentoilette suchen muß, suchte ich zunächst nach der letzteren.

Dort drang mir schon aus erheblicher Distanz ein aufgeregtes Stimmengewirr entgegen, und es waren unverkennbar die Stimmen meiner Damen.

Ich wagte mich also in der sicheren Gewißheit, daß dort etwas passiert sein müßte, in die sonst für Mannsbilder versperrte Zone und wurde auch freudig begrüßt.

„Sie kommen wie gerufen", schallte es mir schon im Vorraum entgegen, „die Baronin ist eingesperrt! Die Clotüre läßt sich weder von innen noch von außen öffnen."

„Dieses Problem werden wir lösen", versprach ich, „machen Sie Platz, meine Damen".

Und tatbereit wie Prinz Eisenherz, der wackere Damenbefreier, schritt ich ins Innere des Etablissements.

Dort stand ich vor einem Holzverschlag. Zwei der Türen waren geöffnet, die dritte befand sich im Schloß, und hinter ihr befand sich, einem lauten Wehklagen nach zu schließen, die eingesperrte Frau Baronin.

„Hilfe", ächzte sie, „ich leide unsäglich."

„Getrost, Frau Baronin", sprach ich ihr von außen Mut zu, „Ihr Retter naht."

Aber mit einer Schnellrettung war es nichts. Soviel ich auch rüttelte, die Türe war so verklemmt wie es ein US-amerikanischer Geheimdienstbeamter wird, den die Russen zum dritten Mal aufs Kreuz gelegt haben.

Da die Baronin jedoch immer stärker litt, eilte ich zum Saalchef, der seinerseits den Geschäftsführer informierte.

Jetzt schnallten bereits drei Männer an der Verschlagtüre, doch noch immer gelang es keinem den Dornröschenprinzen zu kopieren und die Prinzessin zu befreien.

Der Geschäftsführer beorderte nun seinerseits einige der praktisch veranlagten Männer vom Küchenpersonal her.

Die kamen mit Kochmützen, weißen Schürzen und langen Messern an, mit denen sie im Türschlitz herumstocherten, aber Türe wie Schloß blieben weiterhin hartnäckig.

„Da hilft nur eins, den Verschlag abbrechen", erkannte schließlich der Restaurantdirektor und befahl, einen Handwerker herbeizuschaffen.

Bevor der kam, traf jedoch eine Suchmannschaft vom Städtischen Museum ein, darunter der Baron, der inzwischen festgestellt hatte, daß sich seine Ehegattin unter den Vermißten befand.

Kaum vernahm die Baronin seine Stimme, erhob sie die ihre.

„Adalbertchen, rette mich", drang es flehend aus dem Kabinett, „oh rette mich, mein Adalbertchen!"

„Wir werden eine Attacke reiten, meine Teuerste", versprach der Baron draußen und war wieder ganz der alte schwere Dragoner, „in einer Minute bist du frei!"

Der Baron, ehemaliger Rittmeister und daher in taktischen Maßnahmen erfahren, gab bereits Befehle für die Angriffsformation, da traf der bestellte Mechaniker ein.

Der besah sich kurz die Lage, entschied, daß das Schloß eine Totalverklemmung habe, setzte sein mitgebrachtes Stemmeisen an und dann knirschte und knackte es.

Der halbe Toilettenverschlag fiel zusammen, und die befreite Baronin fiel ihrem Baron voll an die Brust.

„Adalbertchen", schluchzte sie, „du hast mich wieder!"

Und voll Rührung sahen die Umstehenden, wie der Baron seiner Eheliebsten über die Haare strich und sie innig tröstete.

Bei gräflichen Eheleuten ist das halt nicht anders wie bei normalen – wenn sie sich so innig mögen!

DER KNALLROTE RISOTTO

In der Albergo Losone, dem Tessiner Ferienparadies meines Freundes Carl Glaus, besitze ich ein in langen Jahren erworbenes Recht: Ich darf den Risotto für meine Reisegruppe eigenhändig kochen. Es hängt dort sogar eine Kochmontur für mich bereit, von der Kochmütze über das obligate Halstuch bis zur karierten Hose.

Wenn ich in diesem „Berufsg'wandli" vor der offenen Feuerstelle stehe, die sich der Carlo in seinen mit dreihundert Palmen bestandenen Hotelpark hat bauen lassen, erkennen mich nicht einmal meine Reiseteilnehmer, zumal sich das Risottokochen in der Dämmerung vollzieht und der aufsteigende Rauch die Tarnung vollkommen macht.

Eines schönen Abends war ich dort wieder am Werk. Die Zwiebel hatte ich bereits in Butter goldgelb gedünstet, den Reis angeröstet und mit rezentem Weißwein abgelöscht, und jetzt goß ich langsam die Fleischbrühe nach, darf doch ein Risotto nur langsam wellen und weichwerden wie ein etwas sprödes Fräulein, bei dem es auch nichts wird, wenn man zu sehr hitzt und eilt.

Da nahte — schon von weitem durch das helle Klirren reichlichen Schmucks als solche erkennbar — eine Dame der höheren Art, und mit ihr kamen zwei Herrn. Die Dame blieb vor meinem Kupferkessel stehen, beugte sich vor, schnupperte in den Dampf und fragte mit der Leutseligkeit eines wilhelminischen Gardeobristen: „Na, Männeken, was kochste?"

Vielleicht war ich an diesem Abend sowieso ein wenig kritisch aufgelegt, vielleicht war mir sonst irgendeine Laus über die Reiseleiterleber gelaufen, jedenfalls ärgerte ich mich, insbesondere über das vertrauliche Du, mit dem sie den vermeintlichen Küchenhandwerker anredete.

Ich beschloß daher, ein Exempel zu statuieren. Mich einfach als deutschen Landsmann auszugeben, erschien mir zu simpel, und einen Schweizer zu kopieren wegen der möglichen Dialektfehler zu riskant. Weshalb ich mich kurzerhand in einen Mann aus dem Lande Titos umfunktionierte.

„Ich jugoslawischer Gastarbeiter", sprach ich mit kehliger Stimme, was mir angesichts des beißenden Rauchs nicht schwer fiel. „Ich kochen Risotto. Das schwere Arbeit, wie du sehen."

Die Dame ließ angesichts der so prompt angenommenen Duzfreundschaft ihre kunstvoll gerundeten Augenbrauen noch formvollendeter werden, so daß sie jetzt aussahen wie die Arkaden auf der Piazza Grande von Locarno.

„Wenn de nicht arbeiten willst, dann wärste halt zu Hause geblieben", bemerkte sie anzüglich.

„Das nicht meeglich", gab ich retour. „Ich missen Geld verdienen, weil ich bin Moslem wo hat finf Frauen und neinundzwanzig Kinder."

Die Dame quittierte meinen Frauen- und Kinderreichtum mit ätzendem Spott.

„Dann scheinste mir daheim tüchtiger zu sein als hier", sagte sie. „Also rühr' mal fleißiger, Männeken."

Ich goß mit Schwung einen großen Löffel Fleischbrühe in den Reis, so daß es spritzte und die Dame erschreckt zurückwich.

„Nicht schneller riehren", stellte ich dann fest.

„Erstens weil man darf riehren Risotto nur langsam, und zweitens, weil ich bin in Risottokochgewärgschaft, wo genau hat festgelegt Norm."

„Ach, Kommunist, biste auch noch", rief die Dame.

„Dann mach 'mal rasch, daß du wieder nach Jugoslawien kommst zu deinen roten Brüdern."

„Nix zurick", sagte ich und hob drohend den Holzlöffel. „Ich bleiben hier und grinden kommunistische Partei in Tessin. Wir dann dafir sorgen, daß alle Kapitalisten missen hinaus. Und wenn sie nicht gehen freiwillig, wir machen krrr!"

Worauf ich mir mit dem Löffelstiel vielsagend über die Kehle fuhr.

„Skandalös", ächzte nun die Dame und entschwand mit ihren beiden Begleitern im Innern der Albergo.

Der ahnungslose Carl Glaus mußte sich dort einen wütenden Protest über das Benehmen seines jugoslawischen Kochs anhören und bekam hinterher noch die süffisante Frage vorgelegt, ob man in seinem Restaurant künftig mit knallrotem statt mit safrangelbem Risotto zu rechnen habe, worauf er verständlicherweise die Antwort schuldig blieb.

Diese wurde der erbosten Dame erst zuteil, als nach dem Abendessen meine kleinen Freunde vom Tessiner Kinderchor eintrafen, um in ihren bunten Trachtenkleidern, ihren Ringelsocken und Zoccoletti ein fröhliches Konzert für die Reisegruppe und natürlich auch alle anderen Hotelgäste zu geben.

Unter dem Publikum, das da in der großen Halle der Albergo saß, als die Kinder mit ihrem Auftrittslied „Aprite la porte" — „Öffnet die Türe" — hereinmarschierten, befand sich auch die Dame. Sie wollte eben ihr Cocktailglas an die Lippen heben, als sie mitten in der Bewegung erstarrte. Denn das Mannsbild, das da vorausmarschierte, links eine munter auf ihren Holzschuhen daherklappernde Fünfjährige an der Hand und rechts eine munter auf ihren Holzschuhen daherklappernde Fünfjährige an der Hand, das war unverkennbar der unverschämte Risottokoch von vorhin.

Nur daß dieser Mensch jetzt keine Kochmütze mehr auf dem Kopf hatte und auch alle anderen einschlägigen Berufsutensilien fehlten.

Die Dame geriet vollends in Totalverwirrung, als der Scheinkoch auch noch den Chor vorstellte, dessen im Tessin bekannten Dirigenten und schließlich noch den väterlichen Freund der Kinder, den Pfarrer und Papstvetter Don Franco Buffoli.

Der Ärmsten fiel zunächst einmal der ganze Verputz vom Gesicht, dann raffte sie ihre beiden Begleiter zusammen und danach entfloh sie, gerade als die Kinder das Lied von der dummen Kuh von Malvaglia anstimmten.

Für heute war ihr Weltbild total im Eimer!

CHANEL DE PROVENCE

Es gibt Reisen, die nur ein einziges Mal durchgeführt werden, und die man deshalb besonders sorgfältig vorbereiten muß. Denn es gibt ja keine Korrekturmöglichkeit bei einer zweiten oder dritten nachfolgenden Reise. Sie gleichen einem Maßanzug, der ohne Probe passen soll.

Der Reiseleiter und sein Chauffeur fahren darum die Fahrtroute vorweg im Personenwagen ab. Der Chauffeur weiß dann, wie er ohne endloses Herumkurven in einer verwinkelten Altstadt das Übernachtungshotel findet, und der Reiseleiter bespricht mit den Küchenchefs die Menüs, auf daß es nicht vom Nordkap bis Taormina die gleichen langweiligen Steaks mit Pommes frites gibt. Vor allem aber suchen die beiden Vorausfahrer nach jenen kleinen Attraktionen am Wegrand, die eine große Reise erst interessant machen. Man erfährt sie nicht aus einem jener schlauen Bücher, welche die Touristikverlage heute gleich haufenweise auf den Markt werfen, sondern in einem Bistro, einem Pub, einem Grotto, wo ein zufällig anwesender gegendkundiger Mensch sagt: „Ah, meine Herren, das müssen sie gesehen haben!", und dann malt er, je nachdem, mit einem Vin d'Anjou, einem Ale oder einem Merlot eine Landkarte auf die Bartheke, deren Straßen umso gewundener werden, zu je späterer Stunde das Gespräch stattfindet.

Von einer solchen Vorausreise soll hier berichtet werden. Sie führte in die Provence, und wenn das Loiretal des lieben Gottes schönster Sommerblumengarten ist, so ist die einstige römische Provincia sein schönster Steingarten!

Die Sache liegt schon lange zurück, rund zwei Jahrzehnte, in einer Zeit also, da die Studenten noch kein Bafög und andere hohe staatliche Unterstützungen erhielten und darum arm, loyal und regierungsfreundlich waren. Einen Tag ehe ich mit meinem damaligen Omnibuschauffeur, dem Eugen, in die Provence aufbrach, kam ein derartiger Student zu mir, erklärte, er studiere Französisch, habe wenig Geld und würde trotzdem gern einmal die Provence erleben. Ob wir ihn nicht mitnehmen könnten, er komme für seinen Unterhalt selbst auf, verspreche ein unterwegs immer bescheidener Mensch zu sein, und als kleines Entgeld könne er für uns ja dolmetschen. Ich sagte ja, und am nächsten Morgen holten wir unseren neuen Reisekameraden ab. Der erschien mit mindestens einem Dutzend großer und kleiner Päckchen im Arm, doch da er allein auf der Rückbank zu sitzen kam, brachte er seinen stattlichen Reisehaushalt ohne Schwierigkeiten um sich herum unter. Am ersten Tag gelangten wir durch die Burgundische Pforte nach Lyon, und bis dahin merkten wir noch nichts. Aber im Verlauf des zweiten Morgens, als wir uns hinter Valence der Provence näherten, ging uns auf, was wir uns da eingehandelt hatten. Zuerst zog der Eugen und dann ich die Nase hoch, schnupperten nach einem möglicherweise von draußen hereindringenden ungeheuren Odeur de Chanel, und dann erkannten wir schlagartig: Der Mensch hinter uns besaß das, was die Medizin und auch der Volksmund den Schweiß- oder Stinkfuß nennt! Der Eugen drehte als erste Gegenmaßnahme die Lüftung auf höhere Touren, aber es zeigte sich schnell, daß diese für solche Zwecke nicht konstruiert war. Der Ventilator brachte die Düfte in nur noch lebhaftere Wallung. Die Gelegenheit kam, als wir einen Abstecher in die Ardècheschlucht unternahmen, die als gigantische Kerbe in den Steilabfall der Cevennen gehauen ist. Am Pont d'Arc, der wie ein felsgewachsener Triumphbogen den dahinschießenden Fluß überspannt, schlug ich eine Wanderung vor. Zu dritt marschierten wir die Ardèche entlang. „Das Cevennenwasser enthält besonders viel Sauerstoff und Mineralsalze", erklärte ich meinen beiden Mitmarschierern. „Es wirkt deshalb ungemein fördernd auf den Kreislauf, wenn man mit nackten Füssen im Fluß watet." Der Eugen begriff sofort. „Ziehen wir Schuhe und Strümpfe aus", rief er, „und genießen die edlen Gaben der Mutter Natur!" Eine Minute später stapften der Eugen und ich durch das angeblich so leibgesunde Ardèchewasser. Es war, mit Verlaub gesagt, saukalt! Mir zog es bis hinauf zum Hals alles zusammen, und den Eugen, der wie alle guten Omnibuschauffeure ein besonders feines Fußgefühl besaß, plagten die nicht immer rund geschlifffenen Ardèchekiesel. Nur unser studierender Freund fühlte nicht die geringsten Kälte- wie Sohlenbeschwerden. Er hatte mit dem Hinweis, daß sich sein Kreislauf in bester Ordnung befinde, die Schuhe und Strümpfe erst gar nicht ausgezogen und marschierte nun fröhlich am Ufer neben uns her. „Retour", schrie ich erbost und stieg aus dem Gewässer, der Eugen mit grimmigem Gesicht hintennach. Als wieder wieder in unserem von der Provencesonne aufgeheizten Wagen saßen, miefte es noch inniger als zuvor. In Arles, unserer zweiten Übernachtungsstation, überkam mich eine Idee. „Es war ein heißer Tag heute", sprach ich. „Eugen, du nimmst Dir für diese Nacht ein Zimmer mit Bad, ich nehme mir ein Zimmer mit Bad, und unser lieber Begleiter nimmt sich auch ein solches." Der wies den Vorschlag jedoch als undurchführbar zurück. Zimmer mit Bad sei in sein leider nur mageres Reisebudget nicht einkalkuliert, ließ er wissen. „Wir sind drei Kameraden", erklärte ich daraufhin so tiefsozial wie ein Bundestagskandidat, der in einer Gewerkschaftsversammlung spricht. „Entweder können wir heute abend alle drei ein erquickendes Bad nehmen, oder keiner kann es. Der Preisunterschied wird aus der Reisekasse bezahlt!" Doch unsere Annahme, daß Heißwasser und Badeseife ihre Wirkungen zeigen würden, erwies sich als trügerisch.

Kaum ließ der Eugen nach dem Frühstück den Motor und zwecks Vertreibung von Schweißfußrückständen auch noch den Ventilator an, hüllte uns eine Wolke ein noch stikkiger als wenn der Ätna den Schluckauf hat. Doch immerhin war ich noch einer gewissen Kreativität fähig, und sie befiel mich angesichts der weißblendenden Salzberge, die sich nahe der Saline-de-Giraud aus der weiten Landschaft der Camargue erheben. „Salzwasser beißt alle Fußpilze sowie sonstigen Bakterien weg", sagte ich zum Eugen, während der Student draußen einen großen Salzhaufen vor der Kameralinse hatte. „Wir animieren ihn zu einer Meerwanderung." Doch der Vorgang von der Ardècheschlucht wiederholte sich nur. Der Eugen und ich latschten wie zwei gemütskranke Seehunde durch das noch recht kühle Mittelmeerwasser, und unser akademischer Reisebegleiter latschte am trockenen Ufer neben uns her.

Der Eugen gab jetzt Knirschgeräusche von sich wie ein Mittelmeerhaifisch, der gerade dabei ist eine Riesenschildkröte zu zermalmen. „Es gibt einen Mord", raunte er und zog ein Gesicht, gegen das die berühmte Frankensteingrimasse das reinste Mona-Lisa-Lächeln war. „Wir erschlagen ihn und verbuddeln ihn samt seinen Füßen im Salz! Bis der Riesenhaufen abgefahren ist, hat es ihn längst zerfressen. Und daheim sagen wir, daß er sich in Avignon zu den Gammlern abgesetzt hat. „Das geht nicht", mußte ich den Eugen belehren, „Salz konserviert! Er kommt wieder so zum Vorschein, wie wir ihn vergraben haben. Und dann sind wir geliefert!" Der Eugen verfiel nun in schwere manisch-depressive Zustände. Einmal beschloß er, den Studenten bei einer französischen Schnellreinigung abzuliefern, und ein andermal gab er sich ernsthaften Selbstmordgedanken hin. Ich mußte ihn schließlich mit allen Kräften davon abhalten, daß er sich in Aigues Mortes von der schwindelerregenden Höhe des Tour de Bourgogne in die Tiefe stürzte. „Halt ein,

Eugen", rief ich, „denk' dran, daß in diesem Turm die Marie Durand vierzig Jahre lang ausgehalten hat! Und Du kannst nicht einmal eine Woche Schweißfuß aushalten!" „Nicht jeder ist so stark wie diese Frau", murmelte der Eugen, doch er blieb der Welt erhalten.

Als wir wenig später durch die engen Gassen der alten Kreuzfahrerstadt bummelten, erstieg mir eine neue Idee. „Weißt Du was ein Aioli ist?", fragte ich den Eugen, während der Student eben mit dem Studium einer Speisekarte beschäftigt war. Der Eugen sah mich mit den Augen einer weidwund geschossenen Hirschkuh an, doch dann stieg jähe Hoffnung in ihm auf. „Ein französisches Mittel gegen Fußpilz, ha?", fragte er.

„Um Himmelswillen nein!", rief ich fröhlich. „Ein Aioli ist die wahre Götterspeise der Provence, die Ambrosia des Midi! Man nimmt dazu ein gutes Dutzend vollduftender Knoblauchzehen, zerquetscht sie in einem Mörser, gibt tropfenweise Olivenöl hinzu, rührt noch das Gelbe einiger frischer Eier unter und ißt die entstehende Paste zu Stockfisch." „Knoblauch kann ich nicht ausstehen", ächzte jetzt der Eugen. „Eben", meinte ich, „und Du nimmst darum den Geruch anderer Menschen nicht wahr. Eugen, wir haben den Stein der Weisen gefunden!" Während sich der Student als Grand Déjeuner eine schlichte Ratatouille bestellte, verlangten der Eugen und ich Stockfisch mit Aioli. Der Eugen erregte sogar das Mißfallen der hübschen Wirtin, als er die doppelte Menge Aioli verlangte. „C'est la specialité de mon l'estomac!", erklärte er in einem geradezu blendenden Französisch. Er schmierte sich solche Mengen des goldgelben Breis auf die Gabel, daß es mich hinterher schiergar aus dem Auto hinaustrieb, als ich mich wieder auf den Beifahrersitz hockte. Und dabei hatte ich doch selber Stockfisch mit Aioli verzehrt! Von Schweißfuß rochen wir jetzt nichts mehr. Dafür mußte unser ratatoilleverzehrender Gefährte auf der

Rückbank ein tiefes Geruchserlebnis haben. Wir vernahmen ihn zuerst leise und dann immer lauter schlucken, und schließlich begann er zu würgen wie eine hinterbrasilianische Boa constrictor, die ein drei Zentner schweres Amazonaswildschwein wieder loswerden muß. Fünf Minuten später war er endgültig geliefert. „Halt", ertönte es von hinten, „stop, SOS, Mayday! Hier stinkt es ja, daß sich einem der Magen umdreht!" Er sauste aus dem Wagen und gab der Ratatouille ihre Freiheit wieder.

„Herrlich, dieses Aioli", frohlockte mit erbarmungsloser Boshaftigkeit der Eugen, als der arme Mensch heftig nachwürgend wieder im Auto saß, „heute Abend esse ich es nochmals zu einer Bouillabaisse." „Heute Abend sind wir in den Alpilles, Eugen", wies ich ihn zurecht. „Bouillabaisse gibt es nur an der Küste. Aber suche Dir etwas anders, duftendes aus. Zum Beispiel einen provencalischen Ziegenkäse mit viel rohen Zwiebeln!"

Der Eugen wollte gerade seine Bereitschaft zum Genuß eines solchen Gerichtes erklären, da vernahmen wir unseren Studenten. „Käse", schrie er uns von hinten in die Ohren, „Menschenskinder Käse! Ich habe ja ganz vergessen, daß mir meine Mutter einen Riesenbollen Backsteinkäse mitgegeben hat! Der muß noch irgendwo im Auto liegen!" Er tauchte in die Tiefe und ruderte dort umeinander wie der berühmte Cousteau bei einer Unterwassertour.

Bereits nach einer Minute wurde er fündig, genau zwischen den beiden Vordersitzen, dort wo der Ventilator die Frischluft ins Wageninnere schickt. Von Frische konnte da allerdings keine Rede mehr sein, denn aus dem Paket roch es noch ärger, als wenn die Farbwerke Höchst einmal im Jahr ihr Geheimlabor lüften! Dem Eugen und mir wurde schlagartig klar, wer der eigentliche Stinker der zurückliegenden Provencetage gewesen war, und auch jene seltsame Erscheinung, daß es umso stärker gemieft hatte, je schneller wir den Ventilator rotieren ließen, fand damit ihre hinreichende physikalische Erklärung. Ardèche-, und Meerwanderung, Zimmer mit Bad, Aioli, Stockfisch und Mordversuch, all das hätte nicht sein müssen, es gab gar keine Schweißfüße! Als der Student einmal seitab schritt, sahen der Eugen und ich uns fragend an. „Meinst Du, wir müssen ihm unseren Verdacht beichten?", fragte mich der Eugen. „Nein", sprach ich, „wir haben ihm ja auch nie etwas davon gesagt."

Die Sache fand allerdings ein Nachspiel, und das bezeichnenderweise im käsedufterfüllten Emmental in der schönen Schweiz. Da es der letzte Abend der Vorausfahrt war, ließen wir uns ein paar Fläschchen spritzigen Fendant schmekken, und dessen Genuß regte nun seinerseits den Studenten zu einer Seelenbeichte an. Er habe, so bekannte er, den Eugen und mich wegen der immer heftiger werdenden Wagenverstinkerung lange Zeit für Schweißfußbefallene gehalten, besonders unserer geradezu fanatischen Wasserwanderungs- und Badegewohnheiten wegen. Erst der spätere Käsefund habe ihn eines anderen belehrt. Ob wir ihm das je verzeihen könnten? „Wir tun es", rief der Eugen und ich gleichzeitig und mit tiefer Erleichterung, „denn der Mensch kann irren!", worauf dem Studenten vor Scham und Rührung die Tränen in die Augen stiegen. Und damit war in seinem wie in unserem verdachtsschnöden Herzen alles wieder so klar und sauber, wie es nicht nur die Füße der akademischen Jugend, sondern die aller Leute sein sollen!

ABWEHRMITTEL

Von einer anderen Vorausreise ist hier zu berichten. Sie führte als Vorbereitung einer Jugoslawienkunstfahrt kreuz und quer durch das Land und dabei auch entlang jener sich beidseits zum Ivansattel aufbiegenden Spange, die das Savetal mit der Adriaküste verbindet. An ihr liegen so wundervolle Städte wie das erdbebenversehrte Banja Luka, die geschichtserfüllte bosnische Königsresidenz Jajce, das minarettüberstandene Sarajevo (leider mischen sich unter dessen sakrale Hochbauten heute auch zahlreiche profane Hochhäuser), das brückenbekannte Mostar und Pocitelj, aus dessen Trümmern all jenes Leid spricht, das sich Christen und Muselmanen, Angreifer und Verteidiger, Herrenmenschen und Hirtenleute in vielen Jahrhunderten auf dem Boden Jugoslawiens zugefügt haben.

Die Vrbasschlucht nördlich von Sarajevo bietet eines der schönsten Landschaftsbilder auf dem mittleren Balkan. Zwischen fast senkrechten Karstwänden winden sich Fluß und Straße. Wo die Felsen zurücktreten, drehen sich die Wasserräder der Hammelbratereien, und wo gar in seltenen Fällen einer der im Sommer versiegenden Karstbäche einen Talkessel gebildet hat, lagern Zigeuner.

Auf ein solches Zigeunerlager stießen wir damals, als wir im Personenwagen den Vrbas entlangfuhren. Wir, das war neben dem Fahrer und mir ein mitreisender Kunstmaler sowie der Apotheker unseres Heimatortes, ein knapp vierzig Jahre alter Junggeselle, figürlich eher dem tapferen Schneiderlein ähnelnd als dem Riesen Goliath, und auch von der Listigkeit des ersteren. Zu bemerken ist noch, daß dieser Pharmazist auf jeder seiner Reisen erhebliche Mengen an

Arzneimittel mit sich führte, besonders dringliche sogar kiloweise.

Das Zigeunerlager sah ungemein malerisch aus, was den Maler zu der Bitte bewegte: „Könnt ihr nicht anhalten, das muß ich unbedingt skizzieren."

Wie malerisch es war, erfuhr er schon in der nächsten Minute, als er, auf einem Stein sitzend, den ersten Strich ziehen wollte und daran von einem Dutzend kleiner, brauner Hände gehindert wurde, die auf seinem Skizzenblock herumtappten und sich auch an seinen Farbkreiden vergriffen.

Hilfe unsererseits konnte er nicht erwarten, denn kaum hatten wir die Szene fotografisch festgehalten, da waren wir von den Eltern der lieben Braun- und Schwarzfinger umringt. Wir hatten genug zu tun unsere Fotoutensilien zu hüten, läßt sich doch nicht ausschließen, daß in einer Sippschaft balkanesischer Zigeuner auch einmal ein unehrlicher ist.

Zudem schienen die Papas und Mamas über das Recht ihrer Kinder aufs eigene Bild perfekt unterrichtet, denn sie traten sofort in Vertragsverhandlungen ein und forderten ein Ablichtungshonorar von zehn Dinar.

Als wir ihnen daraufhin einen Zehn-Dinar-Schein anboten, stellte sich heraus, daß damit nur ein Foto abgegolten war, weshalb sich anschließend eine Meinungsverschiedenheit über die Zahl der von uns gefertigten Bilder anschloß.

„Fünfzig Dinar", sprachen wir mit der Endgültigkeit, die ein bundesdeutscher Industrieboß zutage legt, wenn er mit einem Gewerkschaftsführer über den neuen Lohntarif verhandelt, aber wir ernteten nur wütenden Protest.

„Gebt ihnen hundert und zieht euch langsam an den Wagen zurück", riet unser kundiger Fahrer, und wir folgten seiner Order. Auch der Maler gab alle künstlerischen Ambitionen auf und retirierte unter Zurücklassung des ohnehin total verschmierten Skizzenblocks auf das Fahrzeug.

Die erwachsenen Zigeuner waren offensichtlich der Meinung, daß sie hinsichtlich der Barabfindung ihre Karten ausgereizt hatten, aber nun verlangten sie noch zusätzliche Sachbezüge für die unteren Lohnklassen.

„Tschiiwing Gamm", radebrechten sie, „Schokolatt, Bonnbonn", und deuteten auf die zahlreiche Kinderschar. Sogleich wurden uns wieder dutzendweise kleine Hände hingestreckt.

Wir waren mittlerweilen in unser Auto gelangt. Der Fahrer ließ den Motor an, aber den Gang legte er nicht ein.

„Ohne daß wir ihnen Süßigkeiten gegeben haben, können wir nicht los", sprach er. „Sie werfen uns sonst Steine nach. Das kostet Scheiben, und dem Lack tut's auch nicht gut."

„Aber wir haben keine", stöhnten der Maler und ich. Im Geiste sah ich mein ziemlich neues Auto schon völlig demoliert.

Da meldete sich unser Apotheker. „Laßt mich das machen", verkündete er, kramte in seinem umfangreichen Reiseapothekenkoffer und hatte plötzlich eine große Anzahl buntbedruckter Schachteln in der Hand.

„Bonnbonn, Schokolatt, Tschiiwing Gamm", rief er zum heruntergekurbelten Seitenfenster hinaus und ließ die Schachteln fliegen.

Im selben Augenblick gab der Mann am Steuer Gas, und wir waren außer Steinwurfweite. Durch das Rückfenster sahen wir, wie die Schachteln aufgerissen wurden, und dann steckten Klein- und Großzigeuner die „Bonnbonns" mit solcher Rasanz in den Mund, daß ihnen keine Zeit zum Lutschen, sondern höchstens zum Schlucken blieb. Als wir um die nächste Kurve waren, gab unser Apotheker preis, was er da aus seiner Medizinkiste geholt hatte.

„Das war mein ganzer Vorrat an Abführmitteln", verkündete er und grinste wie ein Faun von den Hängen am Olymp. „Wenn einer von euch jetzt Verstopfung bekommt, muß er einen Liter Sonnenblumenöl trinken. Das putzt auch aus!"

Acht Wochen später kam ich mit dem Omnibus und der Reisegruppe an jenem Zigeunerplatz in der wildschönen Vrbasschlucht vorbei.

Die Stätte war öd und leer, und ich habe auch seitdem dort nie mehr einen Zigeuner gesehen. Wahrscheinlich ist sie für alle Zeiten verflucht und verstunken!

BRÜCKENWUNDER IM MUGGIOTAL

Wo die Alpensinfonie noch einmal in einem grandiosen Creszendo aufklingt, um dann in der sanften Wassermusik der Poebene zu verklingen, liegt am Ufer des Luganer Sees der gewaltige Felsklotz des Monte Generoso. An seinem östlichen Steilabfall entspringt die Breggia, ein freilich nur kleiner Fluß, der sich jedoch in seinem von senkrechten Felswänden eingekeilten Bett gebärdet, als sei er der Tessin höchstpersönlich.

Die Talschaft, die er durchfließt, ist die Valle di Muggio, ein Name, den sich neben den Kunstfreunden vor allem die Liebhaber handfester Speisen merken sollten, wird doch dort der gleichnamige Frischkäse hergestellt, und der ist ein recht gaumen- und magenfroher Dinger!

Das Muggiotal, nur knapp fünfzehn Kilometer lang, beginnt voll Heiterkeit. Rebhänge begleiten die Straße, die von Mendrisiotto hinauf zum ersten Talort Castel San Pietro führt — fast ein bißchen Toskana ist hier zu spüren, zumal wenn man in die Hügellandschaft jenseits der Fernverkehrsstraßen blickt, wo das einstmals römische Stabio liegt, und der Tre Castelli wächst, der einzige Weißwein des Tessin.

In Castel San Pietro läßt sich die Wohnkultur des lombardischen Adels an einer Villa ablesen, in Morbio Inferiore begegnen wir an der Wallfahrtskirche Madonna dei Miracoli einem der Treppenwunder des Tessin, und zwischen der Villa und der Kirche auch einem der düstersten Orte des ganzen Kantons.

Dieser Ort ist eine Kirche, deren verwitterter Verputz rot bemalt ist, so als sollte schon die Farbe ausdrücken, wie blutrünstig ihre Geschichte ist.

Chiesa rossa sagen die Leute vom Muggiotal zu der am Rande der Breggiaschlucht stehenden Kirche, und damit ist nicht nur der Verputz gemeint. Sie ist die steinerne Erinnerung an eine grausam-grausige Fehde zwischen den beiden Adelsgeschlechtern der Busioni und der Rusca, letztere eine der bekanntesten Tessiner Familien überhaupt.

Wie auf Korsika, Sardinien oder im hintersten Montenegro wurde dereinst zwischen den Busioni und den Rusca Blutrache geübt, und lange Zeit waren die letzteren den ersteren dabei über. Ein Busioni nach dem anderen fiel den Schwertern und Spießen der Rusca zum Opfer, nicht einmal die Mutter wurde verschont, als ihre Söhne sie nicht mehr verteidigen konnten.

Nur ein Busioni war übriggeblieben. Das rauchende Blut seiner Brüder muß ihm – er hieß Giorgio – den Sinn verwirrt haben, denn in der Heiligen Nacht des Jahres 1390 nahm er eine furchtbare Rache. Er überfiel mit seinen Knechten die in der nachmaligen Chiesa rossa versammelte große Ruscafamilie, und nun wüteten dort die Waffen.

Vergeblich flehte der Priester um Einhalt, und am Ende des Massakers lag auch er tot auf dem Steinboden des geschändeten Gotteshauses, und neben ihm lagen die Leichen von über hundert Männern, Frauen und Kindern. Von den Rusca war nur am Leben geblieben, wer in dieser Nacht aus irgendwelchem Grund nicht hatte zur Messe gehen können.

Dem Mörder Giorgio Busioni half es nichts, daß er später, aus seinem Blutrausch erwacht, verdüsterten Geistes zum Heiligen Land aufbrach, um dort Vergebung für seine Sünden zu gewinnen, er starb bereits bei der Überfahrt.

Erschreckt und schockiert standen auch wir bei einer Kunstfahrt ins Tessin im kahlen Innern der Chiesa rossa, und als wir wieder unter den blauen Himmel des Mendrisiotto traten, schauderte es uns noch immer – nicht nur wegen der feuchten Kühle der Kirchenmauern.

Die Stimmung wurde erst wieder heiter, als wir Morbio Inferiore besucht hatten (manch einer trank dort schnell einen den Leib wie die Seele stärkenden Grappa) und nun in unserem Omnibus nach Morbio Superiore hinauffuhren, das auf seinem Hügel hockt wie ein Stück Butter auf einer Polenta — nur daß dieses Morbio die Zeit und die Sommerhitze überdauert, während dies bei der Butter nicht der Fall ist.

Zwischen dem inferioren und dem superioren Dorf muß man eine tiefe Schlucht überqueren. Die Straße wird von der einen zur anderen Seite durch eine Bogenbrücke getragen, deren Zerbrechlichkeit noch durch ein Verbotsschild unterstrichen wird, das besagt, daß hier nur Fahrzeuge bis zu einem Gesamtgewicht von zehn Tonnen passieren dürfen.

„Der Bus wiegt leer schon zwölf Tonnen", meinte der Fahrer mit einem Schwenkblick vom Schild auf die grazile Brücke und danach auf die vierzig Meter unter ihr dahingurgelnde Breggia. Und mit einem Rückblick auf die hinter ihm sitzenden fünfzig Fahrgäste fügte er grimmig hinzu: „Die bringen noch einmal vier Tonnen auf die Waage, die Minestrone, der Schmorbraten und die Cassata von heute mittag nicht eingerechnet."

Eingedenk des Umstandes, daß die Statiker bei der Festlegung der Tragkraft einer Brücke einen Sicherheitsfaktor einkalkulieren, entschloß er sich zu einem Kompromiß.

„Wie wär 's", schlug er vor, „wenn du die ganze Bande aussteigen lassen würdest? Ich fahre dann den Bus über die Brücke und drüben steigen alle wieder ein."

Das klang akzeptabel, und so gab ich also den Vorschlag durchs Mikrophon bekannt.

Er wurde ohne Murren angenommen, vielleicht saß den meisten doch noch der Schauder von der Chiesa rossa im Nacken.

Alle fünfzig drängten sich also durch die Ausstiege, und eine ältere, etwas emphatisch veranlagte Dame von den vorderen Sitzreihen, meinte sogar zu unserem Chauffeur: „Sie sind ein Held! Sie riskieren Ihr Leben, um den Omnibus über dieses schwankende Bauwerk zu bringen!"

Aber statt zu warten, bis das um zwar volle vier Tonnen erleichterte, aber immer noch zu schwere Gefährt über die Brücke gerollt war, marschierte die gesamte halbe Hundertschaft bis zur Mitte des Viadukts und ließ sich von dort selbst durch ein noch so zorniges Gehupe nicht vertreiben. Die Damen und Herren — darunter Architekten, Oberstudienräte mit Lehrfach Physik, Buchhalterinnen und ebenfalls gewichtskundige Hausfrauen — applaudierten begeistert, als der Omnibus schließlich das Viadukt überquerte.

Die Brücke bebte dabei leicht, doch bin ich mir nicht sicher, daß dies von den nun doch wieder insgesamt sechszehn Tonnen Brückenlast herkam.

Tessiner Brücken besitzen nämlich alle einen Schutzheiligen, auch solch moderne Konstruktionen wie die zwischen Morbio Infer- und Morbio Superiore. Im Gegensatz zu ihren nordalpinen Kollegen vermögen jedoch die südalpinen Santi recht herzhaft zu lachen, und wie leicht kann dabei solch ein graziles Bauwerk in Schwingungen geraten?

DIE LEHRBUBEN

Jedes Jahr führt uns eine Reise nach Gstaad. Allerdings nicht in das Gstaad, in dem Gunter Sachs, Karajan, Tina Onassis und noch so viele andere Prominente wohnen, sondern in das andere, dem internationalen Jetset entrückte Gstaad, das alljährlich ein hinreißend schönes und auch ein hinreißend menschliches Festival veranstaltet, in dessen Mittelpunkt die Person des großen Geigers Yehudi Menuhin steht.

Seit mehr als einem Jahrzehnt bestellen wir fünfzig Karten für das Schlußkonzert in dem Menuhin spielt, und unsere Treue zum Gstaader Festival wird dadurch belohnt, daß wir immer gute Plätze bekommen, manchmal mittendrin in dem umfänglichen Menuhin-Clan.

Die Konzerte finden in der kleinen Dorfkirche von Saanen statt, fünf Fahrminuten von Gstaad entfernt. Sie ist ein Kleinod des Saanenlandes. Halb romantisch mit ihren Rundbögen, halb gotisch mit ihrer Freskenmalerei, atmet sie den Geist einer unerhört lebendigen Epoche, in welcher der nachantike Mensch sich erstmals wieder getraute, Gott frei ins Antlitz zu blicken.

Es sind vielleicht dreihundert Musikbegeisterte aus der ganzen Welt, die sich in dieser kleinen Dorfkirche versammeln, und einer ist da dem anderen sehr nahegerückt!

Wenn dann Edmond de Stoutz, der Dirigent des Züricher Kammerorchesters, den Stab hebt und seine Musiker jubilieren, klagen, rufen und mahnen läßt, dann wird es still in dem engen Raum, und wenn schließlich Menuhin selbst die Geige hebt und ansetzt zur „Polyptechnique“ des Schweizer Komponisten Frank Martin, wenn er darin den Leidensweg des Herrn darstellt und mit dem letzten Bogenstrich die Verklärung anzeigt, das Übergehen jeglichen irdischen Restes in den reinen Geist, dann halten die Zuhörer wahrhaft den Atem an.

Vor einigen Jahren spielte Menuhin zusammen mit Sandor Vegh, auch einer der großen Geiger der zurückliegenden Jahrzehnte.

Yehudi Menuhin, das ist, solange er nicht spricht oder musiziert, ein fast unscheinbarer Mensch mit einer zierlichen Gestalt, mit einem durchsichtigen Gesicht und seidigdünnen Haaren, Sandor Vegh dagegen ist ein Koloß! Man vermeint die Geige im nächsten Moment zerspringen zu sehen, wenn er sie in seine klobigen Hände nimmt. Und dann spielt er Bela Bartoks Sonate für Violine und Klavier, läßt dieses Werk auf geradezu pastelle Weise farbig werden und analysiert es dabei gleichzeitig, so daß seine innere Struktur sichtbar wird.

Zum Schluß des Konzerts spielten Menuhin und Vegh zusammen, der eine eine filigrane Figur, der andere ein verkrümmter mächtiger Körper, aber sie verstanden sich von der ersten Sekunde an, diese beiden großen Musiker, jeder ein Anleiter und Lehrer für eine ganze Generation von Geigern.

Das war nicht nur ein musikalischer Dialog zwischen Soloviolinen, hier stellte sich eine zutiefst humane Beziehung zwischen zwei „großen alten Männern" her. Sie lächelten einander zu, sie gaben sich gegenseitig Zeichen, Menuhin half aus, als sich die dünnen Notenblätter dem Zugriff der globigen Finger Sandor Veghs entzogen, und als sie endeten, wurde ihr Wunsch, das Spiel schweigend zu quittieren, vom Publikum total mißachtet. Die kleine Dorfkirche von Saanen bebte so sehr, daß fast ein paar kleine Kunstengel aus ihren Fassungen fielen, wo es doch eigentlich undenkbar ist, daß solche himmlischen Wesen überhaupt fassungslos werden.

Die beiden Geiger spielten als Dank dafür noch ein Encore, und als sie gerufen wurden, ein zweites und drittes und viertes.

Und dann kam jener so einmalige Augenblick, als Menuhin die Geige senkte, seinen Freund Sandor Vegh anschaute, den Kopf schüttelte und sagte: „Mehr haben wir nicht geübt!"

Wie nahe waren sie doch damit wieder ihren Schul- und Lehrjahren — doch in solcher Bescheidenheit mögen das überhaupt nur die ganz Großen dieser Welt zu sein!

DER TÜRMER VON SANKT STEPHAN

Wien ist von jeder Höhenlage aus betrachtet schön, ob man nun ganz weit hinauf auf den Kahlenberg gestiegen ist oder, alpinistisch etwas bescheidener, nur auf die Gloriette im seligen Park von Schönbrunn.

Am schönsten aber ist Wien, wenn man auf dem Turm des Stephandoms steht, ganz nahe der gewaltigen „Pummerin", die dereinst mit ihrem ehernen Klang die Bürger zur Einkehr rief oder zum Ausfall mit den Waffen.

Während man an vielen erhabenen Orten isoliert ist von den typischen Geräuschen einer großen Stadt, zum Stephansturm dringen sie noch herauf: Das Kreischen der Trambahnräder, denen ihr Schienenbett zu eng ist, das Hufgeklapper der Fiakerpferde, das Hupen der den Ring umkreisenden Autos, das Schwellen der Sirenen auf den Dächern der Einsatzfahrzeuge, das vielfältige Gelärm von drängelnden, hastenden, rufenden Menschen.

Weil ich Wien so zeigen wollte, als eine sich mit tausend Lauten äußernde Stadt, hatte ich zwei Dutzend Reiseteilnehmer zu einer Besteigung des Stephanturmes aufgefordert.

Die stufensteigerische Leistung lohnte sich. Wir blickten hinunter, auf das Zwiebelmuster der Ringstraßen, und auf den Dachschwung der Staatsoper, wir sahen in der Ferne das Band der Donau, die nur noch in der Phantasie der Grinzingbesucher „blausoblau" ist, und wir befanden uns wahrhaft standesgemäß auf gleichem Niveau wie der Donauturm — nur daß wir erheblich mehr kulturelles Fundament unter den Füßen hatten als dieser großkopfete Emporkömmling. Kein Wunder, daß also die Fotos nur so klickten und die Filmkameras nur so surrten!

Die anderen waren schon wieder beim Abstieg, als mein motivsuchender Blick auf die glasierten Ziegel des Domdaches fiel, und dieses Farbspiel wollte ich noch auf meinen Film bannen.

Doch — oh Grandmalheur — kaum waren die ersten zehn Zentimeter am Bildfenster vorbeigelaufen, drang aus dem Kamerainnern das Geräusch sich verwirrenden Zelluloids.

In einem solchen Fall hilft nur eins: Die Kamera in einer Dunkelkammer öffnen (auch die Bedeckung eines Hotelbettes ist da nutzbar) und den Film wieder auf die Zähne des Transportrades zurücklegen.

Doch wo gibt es auf der Spitze des Stephandomes ein Fotolabor oder eine Bettstatt?

Mit meinem Hilfeersuchen wandte ich mich also an den Türmer, einen Mann, der mit seinem Schnauzer und seiner braunen Haut aussah, wie der dritte Drilling zu Albert Schweitzer und dem Zigeunerbaron, und der folglich ein sozialer Mensch sein mußte.

Diese Annahme erwies sich als richtig. Bitteschön, meinte der Türmer, er verfüge zwar hier oben nicht über eine Dunkelkammer, wenn sich jedoch (ein rascher Taxblick) der Herr Ingenieur bequemen möchte, in den Schrank zu steigen, der in seinem Turmgelaß stehe, derselbe sei inwendig ebenso geräumig wie nachtschwarz.

Der Mann hatte nicht übertrieben. Der Turmschrank hatte solche Dimensionen, daß dort wohl früher die Steinkugeln aufbewahrt wurden, welche die Wiener vom Stephansdom aus gegen die türkischen Belager gedonnert hatten.

Ich drückte dem Türmer also zwanzig Schillinge in die Hand und zog die Tür hinter mir zu.

Raum stand in der Tat genügend zur Verfügung, doch die

Türe erwies sich in unverschlossenem Zustand als nicht lichtfest, was für einen verwirrten Film etwa ebenso schädlich ist wie der Anblick einer nacktbadenden Mädchenoberschulklasse für die Novizen eines Kapuzinerklosters.

Dem Lichteinfall könne man abhelfen, meinte der hilfsbereite Türmer. Wenn der Herr Oberingenieur nichts dagegen hätte, würde er die Türe von außen verschließen. Ein dreimaliges Klopfen genüge, um sie wieder aufgehen zu lassen.

Das starke Schloß knirschte, und ich stand in absoluter Schwärze. Glücklicherweise zeigte sich der Film nur wenig verhaspelt und ich konnte bald das vereinbarte Zeichen geben.

Dieses war jedoch für den Türmer nicht vernehmbar. Inzwischen war nämlich eine Gruppe Engländer auf dem Turm angekommen, und wer je vor, hinter oder neben einem Schwarm englischer Touristen stand, der weiß, was für eine Geräuschkulisse die Briten entwickeln können.

„Oh, is this not a very lovely picture, my dear?", tönt es dann von rechts und von links kommt die Antwort: „Yes, it is a very lovely picture, indeed, it is very, very lovely!"

Wenn ihnen dann noch einfällt, daß ihre Queen, der Prinz Charles oder neuerdings die Lady Diana schon einmal am gleichen Punkt standen, dann ist es vollends aus mit der sprichwörtlichen Nüchternheit des Inselvolks, dann geraten sie in akustische Totalekstase.

Nun, dachte ich, sie werden ja wieder gehen, und dann geht die Türe auf! Aber gefehlt! Jetzt wurde der Türmer von einer zwar höflich leisen, aber ständig fragenden Schar Japaner in Beschlag genommen.

Take-it-easy, dachte ich immer noch ganz britisch, aber dann rührte sich in mir ein Nasenverdacht. In dem Schrank mußte irgendwo ein Käsevesper liegen, das vermutlich die Türmersgattin ihrem hochsituierten Gemahl als Jausen mitgegeben hatte.

Soll 's ihm nachher schmecken, dem wackeren Turmhüter, dachte ich zunächst und hoffte käseduftumhüllt weiter. Doch statt freiheitsverkündender Türmerschritte erklang heftiges Stimmengewirr, die Ankunft einer weiteren Stephansturmbesteigergruppe signalisierend.

Diesmal waren es Holländer. Solche geben in der Regel fünf Schillinge Trinkgeld (nicht pro Person, sondern pro Gruppe) und wollen dafür eine Exclusivführung.

Bevor diese beginnen konnte, wollte ich heraus. Ich donnerte mit beiden Fäusten gegen die Schrankwand, bewirkte dadurch aber nichts anderes als ein lautes Beifallsklatschen. Offenbar hielten die niederländischen Freunde dies für den Schlag der „Pummerin"!

Mein Herz schlug angstvoll mit, denn der Käsegeruch verstärkte sich in geradezu atemberaubendem Tempo! Ich trommelte also ein Stakkato gegen die Schranktüre, doch blieb ich so unerlöst wie seinerzeit die Elsa von Brabant durch ihren impotenten Schwanenritter. Dafür schwante mir etwas: Daß ich nämlich noch eine ganze Weile weiter zu hocken hatte, denn jetzt kamen die Franzosen! Die Franzosen sind ausgesprochene Nationalisten! Sie wollen wissen, ob es in Wien auch einen Arc de Triomphe gibt, um wieviel niedriger der Donauturm ist als der Tour d'Eiffel und ob das Wiener Kunstmuseum eine Filiale des Louvre darstellt. Ein Turmwächter braucht lange, um dies alles zu klären!

Ich lauschte und litt inzwischen stumm. Die Gattin meines Gefängniswärters mußte eine Frau sein, die es mit der biologischen Ernährungsweise hielt, denn der Käse war offenrüchlich ein Naturprodukt. Er stank noch ärger als ein vier Wochen ungelüfteter kroatischer Ziegenbock, und meine Sinne begannen zu schwinden. Und nun trafen auch noch die Amerikaner ein!

Glücklicherweise heißt ihr Programm „Europa in zehn Tagen (Papst einbegriffen)", und der katholische Oberhirte veranstaltete bereits morgen seine nächste römische Privataudienz. Sie hatten also nicht viel Zeit und ich damit eine Überlebenschance!

Allerdings bewirkte der von mir produzierte Angstschweiß, daß der verdammte Käse noch eine weitere Aromaentwicklung vornahm. Er odeurte jetzt wie ein Clochard in der Pariser Hochsommerhitze.

Die nächsten drei Minuten überstand ich dadurch, daß ich meine Lippen ans Schlüsselloch preßte und heftig nach Luft nippelte.

Ein nahe der Schrankes stehender Amerikaner mußte dies vernommen haben, denn ich hörte seine Frage an den Türmer, ob es hier oben noch etwa Vampire gebe, doch sprach der Turmführer ein deutliches Nein, worauf die US-Boys dann auch entschritten.

Bevor als nächstes die Russen eine Turminvasion veranstalten konnten, faßte ich meine letzten Kräfte zusammen und ließ den Schrank nur so dröhnen.

Das hatte Erfolg, denn plötzlich knarrte das Schloß, und ich taumelte ins Freie.

Vermutlich war ich noch weißer als das berühmte Stephansdomsgespenst, das man 1683 nach dem Wegzug der Türken letztmals gesehen hatte.

Der Türmer sah mich erschreckt an. „Hat", sprach er, „der Herr Chefingenieur etwa schon früher einmal geklopft gehabt?"

Ich würdigte den Mann keiner Antwort und stürzte die Turmstufen hinab zum Omnibus.

Am nächsten Tag sagte ich den im Programm stehenden Besuch einer steiermärkischen Großkäserei ab.

Auch die Leidensfähigkeit eines Reiseleiters besitzt ihre Grenzen!

SPRACHPROBLEME

Eine reizvolle Kunstreise führt von Straßburg über Colmar nach Ronchamp, von dort durch die Burgundische Pforte nach Audincourt und danach weiter, die Höhenzüge des Jura überwindend, ins Berner Oberland. Hier ist Spiez am Thunersee das erste Ziel, es folgen Winterthur und Einsiedeln, und schließlich endet die Fahrt im Fürstentum Liechtenstein.

Empfindsame Kunstreisende werden sagen, sie biete ein Sammelsurium, doch ist, im Nachhinein geordnet, die darin eingeschlossene Begegnung mit romanischer, gotischer, barocker und moderner Kirchenbaukunst von großer Eindringlichkeit, und das gleiche gilt für die am Wegrand befindlichen Museen.

Straßburg — hier erhebt sich das gotische Münster, dessen ins Transzendente weisende Westfassade samt den im nahen Münstermuseum lagernden Petrefakten offenbart, wieviel an Geistigkeit in einen Stein hineingeschlagen werden kann. Ein paar Wegstunden weiter, in Colmar, erlebt der Kunstfahrer zuerst Schongauers schlichte Frömmigkeit, um nur wenige Meter weiter dann vor Grünewalds vieltäfligem Altarwerk der ganzen dämonischen Tiefendimension der mittelalterlichen Glaubenswelt ausgesetzt zu sein.

Ronchamp, die Kirchenschöpfung des großen Corbusier, ist die Rückführung des Sakralbaues auf die Urform „Zelt", und Audincourt, Nachbarort des in Teilen immer noch beschaulichen Monbéliard, ist das Schulbeispiel für die Freiheit der Kirche, hat doch die dortige Kirchengemeinde dem Kommunisten Fernand Leger den Auftrag zur Gestaltung der Glasfenster in ihrem neuen Gotteshaus gegeben. Und wie Leger ihn erfüllt hat! Nirgendwo ist das Martyrium Christi glutvoller dargestellt als in diesem fünfzig Meter messenden Glasband! Der Gegensatz dazu ist die Taufkapelle Bazaines: Ihr inneres Leuchten symbolisiert die jeglicher irdischer Reste bare Verklärung.

Vor den Resten der ins zehnte Jahrhundert zurückreichenden Dorfkirche von Spiez erlebt der Landfahrer eine weitere bildgewordene Gott-Mensch-Beziehung, ehe ihn dann in der Winterthurer Bührle-Sammlung aus den Bildern van Goghs jener Daimon anspringt, der diesen ein Leben lang sehnsüchtig seinen Weg verfolgenden Maler immer wieder gepeinigt hat.

Die Klosterkirche von Einsiedeln zeigt uns die triumphierende Kirche, eine Kirche, die sich anmaßen durfte, die Herrlichkeit des Himmels schon auf Erden zu beweisen — und dies ist der eigentliche Hintergrund des Barock.

Über den Rhein hinweg ist es nun nicht mehr weit nach Vaduz, und dort vermaterialisiert sich dann alles Transzendente dieser Fahrt in der lustvollen Fleischlichkeit, die ein Rubens in seine Bilder hineingemalt hat, deren wichtigste Stücke gleich reihenweise in der Sammlung des guten Fürsten Franz Joseph zu Liechtenstein hängen.

Nach welcher geistweisen Reise wir auch leiblich am Ziel angekommen wären, eben da, wo die Handlung unserer Geschichte spielt.

In Vaduz gab es seinerzeit das „Waldhotel", und in diesem Haus verbrachte die Omnibusgesellschaft, mit der ich die oben beschriebene Kunstreise unternommen hatte, den letzten gemeinsamen Abend.

Er wäre recht gemessen verlaufen, hätte sich nicht in der Gruppe eine jener durchaus legalen Animierdamen befunden, die es fertigbringen, selbst einen ostpreußischen Obersten a. D., strenge Direktorenwitwen und „immitsch"-bedachte Oberstudienräte in kurzer Zeit in eine fröhliche Gemeinschaft zu integrieren.

Die Dame sang selbstgedichtete „Schnadahüpferln" auf Reiseereignisse, rezitierte die Loreley auf „Sächs'sch", imitierte die Marlene Dietrich, den Louis Armstrong und die Grete Weiser, veranstaltete unter Hinzuziehen von Stühlen und Flaschen rasante Gesellschaftsspiele, sprach Kurzformen berümter Balladen, regte zwischendurch zu innigem Trinken an und sorgte so dafür, daß sich die Reisenden schließlich in einem Zustand starker Verklärung befanden, und einer der verklärtesten war ich!

Der Abend hätte angesichts der Reinheit des Vaduzer Rosés trotzdem keine Folgen gehabt, wenn mich nicht beim Verlassen des Speisesaals noch der Hoteldirektor zu einem Campari eingeladen hätte.

O wäre doch meine Antwort ein noch kategorischeres Nein gewesen, als es der Genosse Breschnjew hören ließe, wenn ihn der Chefmanager von General Motors um die Erlaubnis zur Errichtung eines privatkapitalistisch arbeitenden Autowerks in Moskau bitten würde. Doch ich nahm — was sich letztlich nur durch den mich bereits innig durchströmenden Rosé erklären läßt — das Angebot an und noch eine halbe Flasche Campari zu mir.

Nun soll hier kein böses Wort über die Bekömmlichkeit dieses giftroten italienischen Getränks gesagt werden, doch mit einem Vaduzer Rosé verträgt es sich so wenig wie sich der CSU-Ortsvorsitzende von Altötting mit dem Chef der Chaotenszene von Berlin-Kreuzberg vertragen würde.

Die Wirkung der Rosé-Campari-Mischung trat schlagartig ein, und zwar, als ich auf dem Heimweg in mein Zimmer den Bedienungsknopf des „Waldhotel"-Aufzugs drückte. Dieses teuflische Gerät war so konstruiert, daß es den Benutzer mit der Geschwindigkeit einer startenden Weltraumrakete zu den höheren Etagen des Hauses hinaufschoß, was seinerseits bewirkte, daß mein recht dünnflüssig gewordenes Blut bis zu den Zehen hinabrauschte. Der Ausfall meines Gehirncomputers war total!

Es hielt auch noch an, als ich am nächsten Morgen aus meinem Nachtpfühl stieg und dabei die Bemerkung machte, daß mein Schlafanzug eine knieumspielende Benässung zeigte — von unter her gesehen, wie zwecks Vermeidung von Fehldeutungen ausdrücklich vermerkt werden muß! Der — wie gesagt — totale nächtliche Gehirnausfall machte jedoch jede Erinnerung an das Zustandekommen dieses seltsamen Phänomens unmöglich, und so versuchte ich, die Sache logisch anzugehen.

Eine nächtliche Wässerung in einer Vaduzer Hotelbadewanne konnte ich nicht genommen haben, denn zu meinem Zimmer gehörte nur eine Dusche, und hätte ich diese benutzt, wäre die Befeuchtung von oben her eingetreten, und auch das WC konnte als Behältnis für eine Stehbenässung nicht in Frage kommen, es besaß nicht den dafür nötigen Tiefgang.

Das Rätsel blieb vorerst ungelöst, und ich schritt zum Frühstück, wo mich einige Tassen guten Schweizerkaffees in den Zustand relativer Klarheit zurückversetzten.

Danach wurden die Koffer für die Heimfahrt verladen, und das Abschiednehmen von den dienstbaren Gestalten des „Waldhotels“ begann.

Der Hoteldirektor machte seine Honneurs, der Chef der Rezeption, der Saalchef und zuletzt kam auch noch der Küchenchef herausmarschiert.

Und der offerierte mir eine mysteriöse Geschichte. Heute Nacht, so sprach der Gebieter über Küche und Köche, sei er in seinem unter dem Dach befindlichen Zimmer von knirschenden Schritten auf den Kieswegen des Hotelparks wach geworden. Bei einem neugierigen Blick durchs Fenster auf den Garten habe er dann etwas Sonderliches gesehen. Eine

mit einem zebraähnlich gestreiften Gewand bekleidete Gestalt sei da in weiten Schwüngen durch das Gelände gesegelt, exakt auf den im Mondlicht blinkenden kleinen Goldfischteich zu. Dort habe sie zuerst eine Weile verharrt, so als erblicke sie unter sich Nymphen und wässrige Geister. Nach einer Minute habe sie sich jäh in Bewegung gesetzt, sei hineingestiegen ins glücklicherweise nur knietiefe Wasser und habe versucht, den Goldfischen „Schwyzerdüütsch" beizubringen.

Als diese verständlicherweise keine Antwort gegeben hätten, da habe der Wassersteher geschrieen: „Ihr Chaiben, ihr elenden, ihr gehört alle in Campari versäuft!" und sei wütend zurückgestampft ins Hotel.

Und nun müsse er, sagte der Küchenchef mit bohrender Eindringlichkeit die Frage an mich richten, ob dieser geheimnisvolle Goldfischlehrer wohl einer meiner Gäste gewesen sei.

„Nein", sprach ich, und gab meiner Stimme alle Festigkeit, „nein, das war mit Sicherheit keiner von meinen Gästen!"

Und mein Gewissen war bei dieser Antwort so rein, wie Leib und Seele einer bayerischen Pfarrersköchin, oder wenigstens wie deren noch unverschnupftes Taschentüchlein vor der Himmelfahrtsprozession.

WASSERVERDRÄNGUNG

Der kleine Schweizer Kurort Flims hängt über dem Vorderrheintal wie ein Balkon über einer Villenvorortstraße. Doch auf diesem nach Süden gerichteten Balkon sitzt kein altersmüder Pensionär – im Gegenteil, Flims läßt sich mit einem Menschen vergleichen, der die Beschaulichkeit seines Sonnendomizils zu Überlegungen benutzt, wie er sein Einkommen ständig verbessern kann.

Mit anderen Worten! Die Flimser schlafen nicht! Sie tun alles, um ihren Ort für einen Sommerurlaub attraktiv zu machen, und sie tun noch einmal soviel, die Gäste auch im Winter anzulocken.

Im Sommer läßt sich Flims auf weiten Wanderwegen umwandeln, und kaum irgendwosonst duften die Nadelwälder so innig wie dort, wo die Sonne ihnen ungefiltert durch Dunstschichten und verstärkt durch das Spiegelband des Rheins, die Lupen zahlreicher Seen und den Widerglanz der Gletscher eine besonders harztreibende Wärme geben kann.

Für die anschließende Wintersaison ist der Ort mit vielfältig erschlossenen Skigebieten unterhalb des gewaltigen Cassonsgrats bestens gerüstet, kurzum der Doppelverdiener Flims kann mit seiner Lage (und das ist auch doppelsinnig gemeint) höchst zufrieden sein.

Flims war das Ziel einer Reisegruppe, die ich zu führen hatte, und diesmal waren es die Angehörigen des Kegelclubs, in dem ich mit großem Eifer diesem gurgel- und leibesfrohen Sport anhänge. Auch die den Keglern zugehörigen Damen waren dabei und noch einige Ehepaare, die zur besseren Ausnutzung des Omnibusses als Gäste eingeladen worden waren.

Die zwei Aufenthaltstage in Flims verliefen genußvoll. Die Kegelbrüder entdeckten bereits nach der ersten Flimsumwanderung eine an der Brücke zwischen Flims Dorf und Flims Platz gelegene Wirtschaft, in der ein ungemein sinnenerquickender Fendant ausgeschenkt wurde, ein Weißweinlein mit allen guten Eigenschaften seiner Art.

Er perlte, aus einiger Distanz in die Gläser geschenkt, wie ein eben über den Stein gesprungenes Bergwasser, war kühl wie eine über die Plumpannäherung eines Bonvivants erschreckte Blondine, lag danach mit pikanter Säure auf der Zunge und hatte das, was die schwäbischen Viertelesschlotzer ein Schwänzle nennen. (Nur viel Körper hat der Fendant nicht, dazu ist er zu leicht veranlagt).

Unter den Keglerehepaaren, welche auch am zweiten und dritten Abend den so sinnenfrohen Fendant reichlich genossen, befanden sich auch der Baste und seine Leni, wobei zur Erhellung der beiden Personen gesagt werden muß, daß der Baste seinen Spitznamen von dem mit Bastbinden verbundenen Beruf des Gärtners hat, während die Leni als begnadete Floristin den Blumenladen versieht.

Während nun der Baste mit seinem knorrigen, an einen borkigen Eichenstamm erinnernden Aussehen durchaus das Berufsbild eines Pflanzenpflegers verkörpert, ähnelt die Leni ganz und gar nicht dem Typus einer Arrangiererin von Blütenstengeln, Blattknospen und anderem Ikebana. Sie besitzt ein von einer goldfarbenen Mähne umwehtes Löwenhaupt, hat einen enorm starken Körper, der von ein Paar pfostenstarken Beinen getragen wird, und sie wiegt so um die hundert Kilo, was zu behaupten nicht einmal ungalant ist.

Beide vereint jedoch ein Gemüt, das mit der bereits erwähnten Flimser Balkonsonne jederzeit wetteifern kann, beide sind sie so genußfreudig wie das Flimser Nachtleben, und beide nehmen sie, wenn sie einmal ihrem Berufsalltag entronnen sind, das Leben heiter und sorglos.

Diese Sorglosigkeit bekam ich am Abfahrtsmorgen zu spüren. Da wir auf der Heimreise noch mit einem fahrplanmäßig verkehrenden Schiff über den Bodensee steuern wollten, war ein sehr pünktliches Einsteigen vereinbart worden, doch wer beim Kofferverladen fehlte, waren der Baste und seine Leni.

Ich gab ihnen fünf Minuten Kulanz, dann galoppierte ich, besorgt um das rechtzeitige Erreichen des Bodenseedampfers, zurück ins Hotel.

Dort stob ich vollschwüngig hinein in das Zimmer der beiden Verspätlinge, fand aber dort nichts vor als einen bereits gepackten Koffer.

Schon wollte ich in Richtung Hotelbar sausen, einem Ort, an dem man den Baste in den zurückliegenden Tagen öfters vorgefunden hatte, da vernahm ich aus dem Badezimmer gluckernde Geräusche.

Wer Verständnis für die Zeitnöte eines Reiseleiters aufbringen kann, kann dies sicher auch für meine nun folgende Eiltat.

Ich stürzte ohne langes Besinnen auf die Badezimmertüre zu, riß diese auf und stand da wie von Blitz und Donner gleichzeitig gerührt.

In der Badewanne hockten, Bauch Richtung Bauch, der knorrige Baste und seine füllige Leni, und das Wasser stand ihnen buchstäblich bis zum Hals!

Doch nicht mehr lange. Kaum wurden die Zwiebäder meiner ansichtig, schnalzten sie auch schon aus ihrem Shampoon nach oben. Beim Baste vollzog sich dies in der Rasanz, mit der ehedem der antike Poseidon vom Meeresgrund an die Oberfläche zischte — nur einen Dreizack hatte er nicht! Die Leni glich dagegen in ihrer fülligen Rosigkeit mehr der Aphrodite, allerdings einer, die nicht der zartäugige Botticelli gemalt hatte, sondern der mehr fleischeslüstliche Rubens.

Wo der Baste beim Auftauchen die Hände hatte, weiß ich nicht mehr, die Leni jedenfalls hielt sie vor ihren strammen Bauch, und alle drei stammelten wir den gleichen mundrunden Laut: „Oh!"

Bei dem Baste und seiner Leni galt er zweifellos meinem überraschenden Eindringen, bei mir jedoch dem Umstand, daß der bis vor kurzem noch halsumspielende Inhalt der Wanne bis auf höchstens zehn Zentimeter Tiefe abgesunken war, alles andere war Wasserverdrängung gewesen!

Wir erreichten übrigens infolge einer Schnellanziehung seitens des Bastes und seiner Leni noch unser Bodenseeschiff. Dort las ich an einem Messingschild, daß dieses vierzig Tonnen Wasserverdrängung besitzt. Seit meinem Flimser Erlebnis weiß ich, was das bedeutet!

DER BAUCHKRIECHER VOM PONT DU GARD

Der Pont du Gard, wie er sich in einer Länge von zweihundertfünfzig Meter von einer Talseite des Gardon auf die andere wirft, ist für mich das schönste Bauwerk der Römer.

Während das Colosseum reine Größe darstellt, während aus den Resten des Forum Romanum Historie spricht, während der Diokletianpalast zu Split ein Touristenzentrum ist und die Arena von Verona eine Opernbühne, während von dem römischen Theater in Orange nur noch ein Torso überdauerte und ebenso von dem in Arles – der Pont du Gard, er blieb intakt!

Fugenlos, so wie es römisches Denken war, haben hier die Ingenieure den Stein gesetzt, und hier steht er noch immer in der gleichen, unberührbaren Geradlinigkeit. Strömte erneut das Wasser aus der Quelle von Uzès heran, der Pont du Gard könnte es über das Tal tragen wie vor zweitausend Jahren. Roma aeterna est – hier gilt es noch, das stolze Römerwort.

Der Pont du Gard gehört zu einer Provencereise wie die Tower Bridge zu einem Londoner Sightseeing, wobei anzufügen ist, daß er eigentlich gar nicht mehr auf provencalischem Boden steht, sondern auf cevennischem.

Diese Brücke macht die Menschen höhensüchtig. Egal, ob Männlein oder Weiblein, ob alt oder jung, kaum werden sie seiner ansichtig, stürmen sie schon hinauf zum Eingang der Wasserrinne und durchlaufen sie von Nord nach Süd oder von Süd nach Nord. Die ganz Mutigen wagen sich noch ein Stück weiter hinauf, bis auf jenen von gewaltigen Quadern gebildeten Plattenweg, der einst das quellfrische Wasser vor dem sengenden Zugriff der Sonne schützte.

Zu vier Fünftel ist dieser Weg ungefährlich, auch wenn die Brückenwanderer ständig von dem Wind umweht sind, der herunterkommt vom Mont Aigoual, dem großen Regenberg, und der hinauswill in die Weite des Golfs von Lion.

Menschenhand oder Erosion haben allerdings im Lauf der Jahrhunderte einige der Deckplatten zerstört, und so tun sich in diesem himmelsnahen Bürgersteig Lücken auf. Wer da nicht einen riskanten Weitsprung veranstalten will, der muß hinaus auf eine senkrecht stehende Seitenplatte. Wenn dann der launische Regenberg zur Abwechslung eine jähe Windböe losläßt, beginnen die Gratwanderer plötzlich mit den Armen zu rudern, daß es aussieht, als probe dort oben das Bolschoi-Ballett den „sterbenden Schwan" von Tschaikowsky.

Es ist schon einige Jahre her, daß ich über eine Provencefahrt einen Film drehte. Er versprach gut zu werden. Durch das Rhonetal kam ein eisiger Mistral gefegt, und der blies die Luft so klar, daß man sich auf der Spitze des Mont Ventoux nur einmal um die eigene Achse zu drehen brauchte, um Alpenkamm, Cevennen, Camargue und maurisches Küstengebirge hintereinander im Blick zu haben.

Im alten Hafen von Marseille tanzten die Fischerboote einen filmreifen Wassertwist, die Zypressenhaine bogen sich, als müßten sie noch einmal einem Vincent van Gogh Modell stehen, und die schaumgekrönten Wasserwellen auf dem Etang de Yaccarès sahen aus wie das Gefieder unzähliger kleiner Vögel.

Am fotogensten aber war der Pont du Gard! Wir erreichten ihn am Abend, als sich die Sonne eben anschickte, hinter die Hügel zu tauchen. Der gelbe Stein des Bauwerks begann plötzlich zu glühen, die Lichtstrahlen schossen gleich Feuerlanzen durch die Bogenreihen, und die Menschen, die sich über den Rücken der Brücke bewegten, waren wie die

Gestalten einer Karawane, die einen fernen Wüstenhorizont entlangzieht. Nur die zur Karawane gehörenden Kamele sah man nicht, doch kam gleich darauf eins über die Brücke marschiert, und dieses Kamel war ich!

Ich sah die Brücke in ihrem Abendglanz, und schon war alle Vernunft aus mir verbannt. Ich vergaß totel, daß ich ja nicht schwindelfrei war, weder von Person noch von berufswegen als Journalist, ich wußte nur noch: dort oben mußt du filmen! Du mußt deine Kamera in diesen Strahlenglanz halten, du mußt dieses flüssige Gold aufnehmen, das sich da durch das Bett des Gardon wälzt, du mußt jenes grandiose Gitterwerk nachzeichnen, mit dem die Brücke den Talhang überschattet.

Und so raste ich besinnungslos hinauf bis zu dem schwindelerregenden Plattenweg und filmte, filmte, filmte! Erst als ich dreißig Meter gegangen war, immer den Sucher an den Augen, kam der erste Schauder. Urplötzlich stand ich am Rand des Brückenwegs, und nur zwanzig Zentimeter von meinen Zehen entfernt, ging es hinab in die Tiefe. Schon verspürte ich jene fatale innere Drehung, die den Schwindel anzeigt, schon verspürte ich das Saugen des Abgrunds an mir, schon sah ich mich stürzen und sinken, da erwachte noch einmal der Selbsterhaltungstrieb und ich sprang zurück in die rettende Mitte.

Schon wollte ich mich, eingedenk meiner Schwindelschwäche, zum rettenden Eingang begeben, da näherten sich einige meiner Reisedamen, und eine von ihnen sprach die fatalen Worte: „Ah, unser Maréchal de Voyage wagt sich auch über den Pont du Gard!"

Hätte ich nun, geneigter Leser, demonstrieren sollen, daß ich es nicht wagte, hätte ich meinem Reiseleiterimage eine tödliche Wunde zufügen sollen? Nie und nimmer! Und so sprach ich „Ja" und schritt weiter, die Kamera fest in der Hand und das Herz voll in der Hose!

Doch bereits zehn Meter weiter war dem Schreiten ein Ende gesetzt: das erste breite Loch gähnte im Plattenweg. Das forderte eine Entscheidung: Entweder hinüber mit kühnem Schwung oder hinaus auf den schmalen Grat oder — was auch noch übrigblieb als freilich schmächlichste Lösung — hinunter in die bergende Rinne?

Die Qual der Wahl blieb mir erspart, denn schon wieder nahten einige meiner Damen, die allesamt ebenso mutvoll wie in einem Alter waren, in dem man schicklicherweise nicht mehr über den Pont du Gard zu turnen braucht.

Hätten sie wenigstens geschwiegen, diese Suffragetten, aber so klang eifrig wie ein Kobrabiß die Aufforderung in mein Ohr: „Na hopsen sie schon, Monsieur le Guide!"

Ich hopste, und es muß sehr elegant ausgesehen haben, denn lauter Beifall erscholl über die volle Brückenlänge.

Doch da stand ich nun wie weiland der große Cäsar gestanden hatte, als er über dem Rubikon war. „Alea iacta est", soll er damals gesagt haben, denn hinter ihm war jetzt Wasser und vor ihm war der widerwärtige Pompeius, und so ging es auch mir. Nur daß bei mir statt dem Pompeius das nächste Loch dräute.

Ein Mensch muß sich in solch einem speziellen Falle eine große Aufgabe stellen. „Denk' an deinen Film", sprach ich darum in mein eigenes Innere, „er wird noch über die Leinwand flimmern, wenn du schon längst im Reich der Schatten bist", und ich filmte das Loch und dann, mittels des Selbstauslösers mich selbst, wie ich über den Abgrund turnte.

Es gelang, und ein gutwilliger junger Mann brachte mir die Kamera nach. Ich barg sie an meiner Brust als kostbaren Besitz, denn wer unter allen Regisseuren von Lang bis Hitchcock, von Ophüls bis Christian-Jacque, hatte je eine solche Heldentat mit eigenem Leib und Leben vollbracht!

Jetzt war ich wie in einem Rausch! Ich legte mich auf den

Bauch und nahm die Füße der Menschen auf, die über den Grat tanzten, ich richtete die Linse auf die Feigen und Mutlosen, die von unten heraufgafften, ja ich beugte mich sogar über den Rand und filmte das Peitschen der mistralbewegten Zweige gegen das Mauerwerk, und wenn mich der Schwindel befiel, dann schluckte ich nur und kurbelte weiter.

So gelangte ich schließlich ans andere Ende der Brücke, ein Mann, der sich selbst überwunden hatte für ein großes Ziel!

Zärtlich streichelte ich meine treue Kamera, die mich auf dem gefährlichen Weg begleitet hatte, und dann durchzuckte mich ein glühhitziger Verdacht. Im Innern des Maison Carrée, des fensterlosen Tempels der Römer zu Nimes, hatte ich einen bereits abgedrehten Tageslichtfilm gegen einen Kunstlichtfilm gewechselt und diesen bei der Rückkehr in die Sonne wieder herausgenommen.

Lieber mitfühlender Leser, du ahnst es bereits: die Kamera war leer, filmlos war ich über den Pont du Gard getaumelt und alles war umsonst!

Vielleicht hätte ich nun doch einen Film einlegen sollen in dieser Schicksalsminute. Vielleicht hätte ich das Haupt in ein Tuch gehüllt, mich selber filmen sollen, das große antike Bauwerk im Hintergrund.

Vielleicht hätte dieser Streifen überlebt und in tausend Jahren wäre er gefunden worden. Und irgendein Däniken in ferner Zeit hätte gesagt, daß hier vor dem Pont du Gard der Odysseus hockt oder der Herakles, und man sieht, wie er weint, weil ihn der Zorn der Götter traf, oder — noch schlimmer — deren homerisches Lachen.

STERNSTUNDE

Sternstunde — was für ein schönes, inhaltsvolles Wort ist das! Es kann die Spanne bedeuten, in der eine aus unvorstellbar weiter Ferne zugekommene Wirkung uns ein unbegreifbar großes Glück fühlen läßt, es kann aber auch heißen, daß wir zum Nachthimmel hinaufblicken, und dann fällt eben in diesem Augenblick eine Sternschnuppe, und während ihres kurzen Lebens schickt sie uns eine Botschaft, die wir aufnehmen und zur Leitschnur unseres Handelns machen.

Auch auf Reisen gibt es solche Sternstunden. Sie kommen unversehens, so wie man eigentlich auch nicht auf eine Sternschnuppe warten kann.

Wir waren in die Tschechoslowakei gefahren, ein Land voll Variationen wie die Tänze von Dvorak. Ob man durch Südmähren fährt mit seinen weit ausschwingenden Weinhügeln und den sanftgrünen Gurkenfeldern, ob man das sich weitende Prager Becken durchquert, ob man dem Tal der Moldau folgt und dabei Smetanas selige Musik im Ohr hat, ob man hinaufsteilt zu den herben Höhenzügen der Hohen Tatra, dieses Land ist voll Klang. Hier erfährt man böhmische, deutsche und europäische Geschichte im Anblick der Burg von Eger, der Türme von Nikolsburg, des Hradschin von Prag, hier sind uralte Sagen lebendig, die nicht nur der Rübezahl erzählt, hier fühlt man das Heimweh mit, das manche Bundesbürger überkommt, wenn sie an das Riesengebirge denken oder an den Böhmerwald, weil sie hier geboren sind, und im alten jüdischen Friedhof der Stadt Prag verspürt man jenen Verlust, den der alte Kontinent erlitten hat, als in einem wahnwitzigen Akt das europäische Judentum vernichtet wurde und mit ihm jener Teil europäischer Kultur, der wie oft das Ferment war für die geistige Gärung in Europas Völkern.

Doch genug der Vergangenheit. Wir waren bereits auf dem Heimweg. In Olmütz, der Stadt, deren Namen jedem Oberschüler im Ohr ist wegen der Olmützer Punktation von 1850, machten wir noch einmal Rast für einen Abend und eine Nacht.

Eine Stadtbesichtigung hatte wegen der späten Ankunft nicht auf dem Programm gestanden, und so machten wir nach dem Abendessen noch einen privaten Stadtbummel. Die Straßen waren nur spärlich beleuchtet. Wir kamen zu der einstigen Fürstenburg der Přemysliden, wir standen vor dem bezaubernden Barock-Portal der Kirche Maria-im-Schnee und schließlich vor den mächtigen Mauern des Wenzeldoms.

„Dort drinnen soll eine der größten Orgeln der Welt sein", wußte einer der Reiseteilnehmer.

„Ja, das stimmt", sprach uns aus dem Dunkel eine Stimme an, und als wir ihren Träger suchten, sahen wir in einem Seiteneingang eine Gestalt stehen, in einen schwarzen Mantel gekleidet, und als wir aufeinander zugingen, war es ein Mann mit einem breiten Gesicht und breiten Schultern.

„Vielleicht der Mesner", dachten wir, und als er uns einlud, in den nachtdunklen Dom zu kommen, freuten wir uns, daß wir noch zu so später Stunde einen Führer gefunden hatten, der zudem noch Deutsch sprach.

Der Mann im dunklen Mantel bat um Verständnis dafür, daß er kein Licht machen dürfe, und es war ein wenig schwierig, das auch mit den Augen zu sehen, was er uns in schlichten, aber zugleich innerlichen Worten über seine Kirche erzählte.

Dann kam er auf die Orgel zu sprechen, auf ihre Größe, ihre Möglichkeiten und auf ihre einmalige Klangfülle.

Ob er für uns ein paar Takte spielen dürfe, fragte er, und nun schalteten wir gedanklich vom Mesner auf den Organisten um.

Unser Nachtführer stieg zu der Orgelempore hinauf, und dann begann er. Ich erinnere mich nicht mehr, was er spielte, vielleicht waren ihm in diesem Augenblick aus jenen ungreifbar fernen Welten Botschaften zugekommen, die er nun in Musik verwandelte, jedenfalls wir saßen und lauschten. Die Orgel sprengte den weiten Raum der Kirche, machte ihn offen, und wir traten hinaus in unendliche Räume, wir sahen nachtschwarze Wolken sich ballen und ein kosmisches, göttliches Licht hereinbrechen in diese Dunkelheit, wir hörten wundervolle Lieder und Gesänge.

Der Mann dort droben spielte wie versunken, und wir waren es mit ihm in diesem unendlichen Meer von Klängen. Zwei-, dreimal hielt er kurz inne, und als drunten, in den Kirchenbänken, sich nichts rührte, spielte er weiter. Es war, wie wir später auf unseren Uhren feststellten, mehr als eine Stunde gewesen, daß wir im dunklen Wenzelsdom gesessen und gehört hatten.

„Sie haben mir eine große Freude gemacht", sagte der Mann im dunklen Mantel, als wir uns, fast scheu in unserem Danken, von ihm verabschiedeten.

Als wir ins Hotel zurückkehrten, war der Direktor noch da, vielleicht hatte er sich Sorgen gemacht wegen unseres langen Ausbleibens.

Wir berichteten ihm von unserem Erlebnis und schilderten ihm den Organisten.

„Das war Professor Schindler", sagte er, „der da für Sie gespielt hat."

Professor Schindler ist einer der größten Kirchenmusiker im Osten. Nun wußten wir, warum wir eine Sternstunde der Musik erlebt hatten.

DIE STIMMUNGSMACHER VOM FRÖHLICHEN „LEITERCHEN"

„La Scalinata", „Das Leiterchen", ist eines der liebenswürdigsten Lokale rings um Locarno. Es findet sich in bezaubernder Lage hoch über dem Ende des Sees, und seinen kuriosen Namen hat es vermutlich davon, daß es einst inmitten der Weinberge lag, die sich vom Lago Maggiore die Hügel hinaufzogen, und von denen der eine mit dem anderen durch eine schmale Treppe verbunden war.

Das „Scalinata" war in seinen jungen Jahren sicher ein Grotto, eine jener urgemütlichen Tessiner Schankstätten, in denen im Sommer der heimische Nostrano ausgeschenkt wurde, ehe der heute gängige Merlot die alten Reben fast überall verdrängt hat.

Inzwischen aber hat sich das „Scalinata" zu einem Ristorante herangebildet, doch es besitzt noch immer Individualität und Intimität.

Wenn sie nicht gestorben sind, sorgen dafür zwei Schwestern, von denen die ältere eine begnadete Zeichnerin und die jüngere eine ebenso begnadete Polentaköchin ist. Von der Begabung der ersteren zeugen unzählige an den Wänden hängende Grafiken, auf denen sich scheinbar witz- und geistlose Dinge plötzlich auf skurrile Weise zu entfalten vermögen, und von der Begabung der anderen zeugt der große, kupferne Polentatopf, der im offenen Kamin hängt. Denn eine Polenta muß über Feuer bereitet werden, der Rauch muß in den Kessel hineinziehen können, erst dann gewinnt dieses schlichte Maisgericht seine spezielle Würze.

Zu einer solchen Polenta wurde ich eingeladen, als ich vor etlichen Jahren zwecks Vorbereitung einer Tessinreise

Gast in der Albergo Losone meines Freundes Carlo Glaus war.

„Kommst du mit ins ‚Scalinata'?", fragte er mich. „Ich habe zum Abendessen ein paar Hausgäste dorthin eingeladen. Zuerst gibt es eine Tessinerplatte und hinterher Coniglio mit Polenta."

Eine Tessinerplatte besteht aus dem heimischen, luftgetrockneten Rohschinken, aus der mit breiten Fettstreifen durchzogenen Coppa, aus kräftig gepfefferter Mortadella und aus einer herzhaft schmeckenden Salami. Die Krone der Tessiner Köstlichkeiten ist jedoch das Coniglio mit Polenta. Coniglio, das ist das Kaninchen, und dieses Langohrtier gedeiht wunderlicherweise in großer Zahl rings um den Lago Maggiore. In der Bratpfanne läßt es eine helle, mit Weißwein abgeschmeckte Soße entstehen, die genau die richtige Konsistenz besitzt. Sie macht die Polenta so gurgelschmiegsam, daß diese noch schneller in den Magen hinunterfährt als ein Pastis, den ein mildtätiger Tourist einem ausgetrockneten Pariser Clochard spendiert!

Wir waren nicht die einzigen Gäste. Neben dem für uns reservierten Tisch saßen vier Herren und eine Dame, und ihrer Stimmung nach zu schließen, saßen sie schon längere Zeit. Das Quintett war sehr unterschiedlicher Art. Figürlich am beeindruckendsten war ein Zweimetermann, dessen enormer Brustkasten die Vermutung entstehen ließ, er werde jeden Moment den berühmten Tarzanschrei ausstoßen, doch beließ er es bei einem Lachen, dessen Schallwellen ausreichten, um die Werke der Wirtskünstlerin in Schräglage zu bringen.

Ihm zur Seite befand sich ein distinguiert aussehender Herr in einem taubengrauen Maßanzug, doch trotz dezent dazu abgestimmtem Hemd nebst Schlips war er nicht minder fröhlich. Der dritte Herr hatte seine Jacke ausgezogen und die Hemdsärmel hochgestülpt, was zwei Bizepse zum

Vorschein brachte, die jedem Halbschwergewichtsmeister zur Ehre gereicht hätten. Gegen diesen starkmuskligen Mann wirkte der vierte im Bunde geradezu grazil. In seine hohe Stirne hatten sich tiefe Denkerfurchen eingegraben, und er sprach leise und gemessen.

Offenbar war ihm die Dame verbunden. Sie mochte schon über die Vierzig hinaussein, aber sie besaß jene Schönheit, bei der die Jahre keine Rolle spielen. Manchmal sieht man solche Gesichter auf Madonnenbildern, auf denen Mutter und Kind noch kein Ahnen haben von dem Leid, das auf sie zukommen wird.

Mein Freund Carlo kannte die Fünferrunde offensichtlich recht gut, denn er grüßte sie herzlich und bald waren die beiden Tische nebeneinandergerückt.

Die vier Mannsbilder rückten uns aber auch sonst auf den Pelz. Kaum standen zwei große Tessinerplatten vor uns, da griffen sie auch schon achthändig zu.

Es sei, so erläuterte der Bizepsmann mit Nachdruck, im Tessin nicht üblich, daß sich vermögende Fremdlinge an den Produkten des Landes gütlich täten und die einheimische Bevölkerung mit hungergeweiteten Nüstern danebensitzen müsse. Sie würden sich deshalb als eingeladen betrachten.

Während sich die Dame mit zwei oder drei Salamischeiben begnügte, räumten ihre Begleiter in kurzer Zeit die eine der beiden Platten und zogen danach auch unsere erst halbgeleerte zu sich her.

Als wir protestierten, meinte der Zweizentnermann entrüstet, der immer stärker werdende Touristenstrom lasse die guten Sitten im Tessin zusehends verwildern. Früher sei es üblich gewesen, daß sich die Gastgeber solange zurückhielten, bis die Gäste satt waren.

Seine betrübte Miene hellte sich aber schnell wieder auf, als das Coniglio und die Polenta erschienen. Er bat um einen

Teller und ein Eßwerkzeug und machte sich mit dem Knurren eines sibirischen Steppenwolfes über das Gericht her. Angesichts der im „Scalinata“ servierten Portionen wurden wir jedoch alle satt (vermutlich hatten die beiden Wirtinnen die viereinhalb Mitesser schon einkalkuliert), und wir erhielten auch eine reiche Gegengabe.

Nicht nur, daß die Mannen unsere Boccalini immer wieder reichlich nachfüllten, sie boten uns auch noch ein musisches Programm. Der Taubengraue holte sich ein Akkordeon her, der Vornehme eine Gitarre, und dann spielten und sangen sie gemeinsam Tessinerlieder.

Es war ein herrliches Konzert. Die Filovia di Malvaglia eröffnete die Darbietung, jene Geschichte von der Kuh, die mit einer Drahtseilbahn zur Alpe hinaufgezogen werden möchte, danach kam das Mädchen aus Cavergno, das zwar bettelarm aber so schön ist, daß es bei einer Bahnfahrt durch das Maggiatal allen Burschen auf den Bahnhöfen den Kopf verdreht, die Bella Bionda wurde gesungen und das Lied vom Boccalino, dessen Schnäuzchen man nur zu küssen braucht, um aller Sorgen ledig zu sein.

Den Höhepunkt bildete eine Reihe von Tessiner Lumpenliedern, bei deren Absingen man so wechselweise aufstehen und sich wieder hinhocken muß wie bei den berühmten schwäbisch-bayerischen Dirndeln, die zu Regensburg mit dem Kahn über den Strudel fahren.

Da mein mangelhaftes Italienisch mir nie rechtzeitig signalisierte, wann ich hoch- und wann ich niederzuschnalzen hatte, griff der neben mir sitzende Zweimetermann ein. Er packte mich kurzerhand am Oberarm und ließ mich ohne jede Kraftanstrengung in die Luft schweben und wieder retour auf die Bank sinken, ein artistischer Akt, der reif war für das Starprogramm des Schweizer Zirkus Knie!

Kurzum, es war ein herrlicher Abend. Im Kamin knisterten die Kastanienholzscheite, der Nostrano funkelte hellrot aus den Boccalini, die beiden „Scalinata"-Schwestern erzählten Tessiner Geschichten von annodazumal, und den singenden Tischgenossen fielen immer neue Lieder ein.

Das brachte mich auf eine Idee. „Du kommst doch", überlegte ich, „in vier Wochen mit einer Reisegruppe ins Tessin. Wie wäre es, wenn du diese fidele Bande als Unterhaltungskapelle engagieren würdest? Das wäre einmal echte Folklore, so richtig aus dem Volk heraus!"

„Wenn du ihnen dreihundert Franken bietest", überlegte ich im Stillen weiter, „werden sie dann wohl mitmachen. Ist das zu wenig, oder verdirbst du damit die Preise?" Ich kam zu dem Ergebnis, daß die dreihundert ausreichend sein müßten, zumal da noch mindestens fünf Liter Merlot auf den Tisch der nicht gerade billigen Albergo Losone zu kommen hatten, und dazu zwei große Tessinerplatten. „Frage deinen Freund Carlo", schloß ich meine Überlegungen ab und setzte mich zu diesem.

„Was meinst du dazu, wenn ich die fünf für einen Tessinerabend in deiner Albergo engagiere?", begann ich meine Erkundung. „Mit der Kuh von Malvaglia, der Bella Bionda und den Lumpenliedern. Wären da dreihundert Stutzen das richtige?" Der Carlo mußte offensichtlich zuerst überlegen, ob er richtig gehört hatte, dann setzte er zu einem freihändigen Salto rückwärts ab, den er aber im letzten Moment noch stoppte und durch ein Lachen ersetzte, bei dem ihm die Tränen nur so über die Backen liefen. Zwischendurch gab er seinen fünf Freunden mein Ansinnen bekannt, und nun wieherten diese so laut wie eine ganze Herde aufgedrehter Lipizaner.

„Weißt du", würgte der Carlo schließlich unter immer neuen Lachtränen hervor, „wen du da für dreihundert Franken engagieren willst?"

„Nein", sagte ich, „aber es sind nette Leute".

„Der da", sprach der Carlo schließlich und wischte sich eine ganze Lago Maggiore-Überschwemmung aus dem Gesicht, „der dich wie einen Pumpenschwengel auf- und abbefördert hat, das ist der Polizeipräsident von Locarno. Dem mit dem vornehmen Anzug gehören die meisten Supermärkte im Tessin. Der gegenüber ist der Eigentümer der großen Granitsteinbrüche im Maggiatal. Und der Kleine am Tischende mit der schönen Dame, das ist", der Carlo stoppte noch einmal wie ein Zirkusansager der die Sensation des Programms ankündigt, „das ist unser Bundesrat des Äußeren, oder wenn du es auf Deutsch sagen willst, der Außenminister der Schweiz!"

Ich muß zugeben, daß ich daraufhin noch dümmer dreinschaute als die so innig besungene Filovia-Kuh von Malvaglia.

Leider zerschlugen sich auch die nach etlichen weiteren Boccalini Nostrano aufgenommenen Verhandlungen wegen Terminschwierigkeiten des Außenministers.

Doch er werde gern eimal bei anderer Gelegenheit in die Albergo Losone kommen, versprach er, und dort meine Reiseteilnehmer begrüßen.

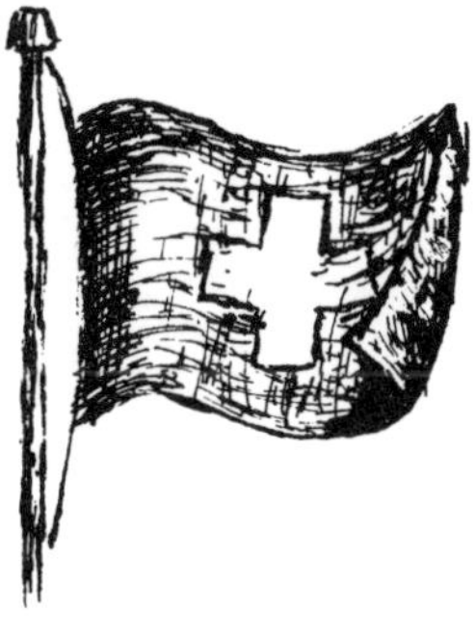

Er kam auch ein halbes Jahr später und hielt einen begeisternden Vortrag zum Thema Demokratie in Deutschland und in der Schweiz. Dabei kam er auch auf echte Bürgernähe zu sprechen.

Seit dem Coniglioessen im „Leiterchen“ weiß ich genau, was damit gemeint ist!

FEHLERWECKUNG

Das stärkste Reiseerlebnis, welches die hier schon zweimal erwähnte Frau Pauline zu verzeichnen hatte, widerfuhr ihr auf einer Fahrt nach Brüssel. Dort hatte vor jetzt schon vielen Jahren eine große Weltausstellung stattgefunden, und natürlich war unsere vogelschnabelnasige Globetrotterin mit von der Partie.

Wo die ganzen Amis, Russen, Chinesen, Neger, Japse und Eskimos zusammenkämen, dürfe sie nicht fehlen, hatte ihre Rede gelautet, als sie sich in die Teilnehmerliste einschrieb.

Da dies schon sehr zeitig geschah, saß sie im Omnibus ganz vorn, und neben ihr saß der Prokurist der Omnibusfirma, die uns das Transportgefährt samt zugehörigem Chauffeur vermietet hatte.

Wir waren noch nicht über den Rhein, als er schon bestens über die Lebensumstände der Frau Pauline informiert war. Der vierte Gatte war ihr gerade „abgestorben", ein Schicksalsschlag, den sie folgendermaßen schilderte: „Morgens lag er tot im Bett, und dabei hatte sich der Simpel am Abend vorher noch die Haare schneiden lassen!"

Nun war sie auf der Suche nach dem fünften. Es zeichnete sich auch schon, wie die mild trauernde Witwe ihrem Sitznachbarn mitteilte, ein Ergebnis ab. Sie habe, verriet sie ihm mit einer bis zur Omnibusmitte dringenden Stimme, in der Samstagausgabe ein Inserat aufgegeben. Natürlich nicht gleich wegen Heirat, bemerkte sie, das gehöre sich nicht so rasch nach dem Trauerfall, aber gegen die Einsamkeit. Am Sonntag sei auch schon einer gekommen. Ein stattlicher Mensch mit noch sehr guten Augen. Denn rein zufällig habe ihr aufgeschlagenes Sparbuch unter einer Zeitung auf dem

Tisch gelegen, allerdings nur so weit versteckt, daß noch eine Ecke sichtbar blieb. Als sie vom Weinholen aus dem Keller zurückgekehrt sei, habe die Zeitung anders dagelegen, woraus sie schließen müsse, daß er anbeiße. Dies könne durchaus auch bei ihr der Fall sein, denn immerhin sei der Interessent ein mittlerer Beamter mit Pensionsberechtigung.

Der Prokurist hörte sich das mit starker Geduld und Freundlichkeit an, und die Frau Pauline war selig. Möglicherweise bedauerte sie aber im Stillen, daß der Herr Nachbar schon verheiratet war, er hätte sonst leicht der Fünfte werden können!

In Brüssel logierten wir damals in einem Hotel nahe dem berühmten Marktplatz, der Macht, Mut und Geist der mittelalterlichen Handelsherren so vollendet darstellt. Das Haus war bis unters Dach belegt, und der Nachtportier hatte deshalb Probleme. Nicht etwa unserer späten Heimkehr wegen, nein, es ging um den Morgenalarm. Alle Gäste, klagte er, wollten akkurat um sieben Uhr geweckt werden, weil sie pünktlich um neun Uhr zur Eröffnung im Ausstellungsgelände sein möchten. So viele Leute vermöchte er aber beim besten Willen nicht gleichzeitig aus dem Bett zu holen. Ob wir das nicht innerhalb der Gruppe besorgen könnten?

Ich sprach mit meinen Reiseteilnehmern, und alle hatten Verständnis für den geplagten Mann. Es gab jeweils nachbarliche Absprachen, wobei am besten die Junggesellen wegkamen, die eine alleinreisende hübsche junge Dame aus ihren süßen Träumen reißen durfte.

Unseren Prokuristen hatte es gleich doppelt erwischt. Nicht nur, daß die gesprächige Frau Pauline im Omnibus seine Nebensitzerin war, bei der Zimmerverteilung ergab sich, daß sie auch die Nacht – sozusagen als Nebenschläferin – an seiner Seite verbrachte. Die Sache war allerdings rein zufällig, es dürfen keinerlei Rückschlüsse daraus gezogen werden!

Als die Frau Pauline von der Weckabsprache vernahm, erklärte sie sich sofort bereit, als Morgenwecker zu dienen. „Sie können schlafen wie ein Murmeltier", versicherte sie ihrem Doppelnachbarn, „punkt sieben Uhr klopfe ich an Ihre Zimmertüre."

Die Frau Pauline hielt Wort, und weil ich schon vor dem Siebenuhrschlag der Brüsseler Kirchturmuhren aus den Federn war, wurde ich Zeuge des Ereignisses.

Die holde Morgenfee trug ein langes, knöchelumspielendes Barchentnachthemd, das einen ungeheueren Sex ausstrahlte, und als sie ihren Weckruf ertönen ließ, hatte der etwas von dem Charme, der aus dem Brunftruf eines verliebten Eichelhäherweibchens klingt.

„Herr Prokurist", rief sie, „sauen Sie aus Ihrem Bett, es ist Zeit!", wobei für Nichtkenner der schwäbischen Sprache anzufügen ist, daß mit „sauen" kein wüster Vorgang bezeichnet wird, sondern ein eiliges Sichbewegen.

Allerdings wäre diese zarte Aufforderung gar nicht notwendig gewesen, um den Prokuristen aus dem Schlaf zu reißen, er hatte die ganze Nacht über ohnehin kein Auge zugetan. Nicht etwa, weil seine Wachträume zu der Zimmernachbarin hinüberspielten, schuld war vielmehr ein undichter Wasserhahn. Der führte sich im Zimmer des armen Mannes auf wie ein Berner Preßlufthammer — langsam, aber stetig!

Der Prokurist gab mir das Ärgernis noch während des Frühstücks bekannt, worauf ich zu dem Portier eilte und diesem den Reparaturfall meldete.

Sei 's nun, daß der doch zu sehr gestreßt war, sei 's, daß über die Zeit der Weltausstellung alle Brüsseler Installateurmeister im Sondereinsatz waren, jedenfalls tropfte nach unserer Rückkehr der vermaledeite Hahn noch immer.

Da nur Zahnweh schlimmer ist als eine solche nächtliche Wassermusik, veranlaßte ich den Herrn über Zimmer und Betten dem Prokuristen ein anderes Etablissement zu geben, fragen Sie mich nicht, ob ein Trinkgeld besser wirkte oder die Drohung, ich würde die Hotelrechnung nicht bezahlen.

Das Hotel erlitt trotzdem keinen Verdienstausfall, denn der Portier hatte bis zum Abend einen neuen Gast für das Tropfzimmer gefunden.

Von all diesen Geschehnissen war der so weckbereiten Frau Pauline nichts zu Ohren gekommen. Sie stand am nächsten Morgen punkt sieben wieder vor dem Nachbarzimmer und sang ihren Morgenruf. Diesmal erinnerte er an das Liebeswerben eines Buntspechtweibchens, und entsprechend kräftig klopfte sie auch.

Hinter der Türe tat sich allerdings nichts, und so ging sie auf die nächst höhere Klopfstufe über, der sie die Aufforderung folgen ließ: „Schnell aufwachen, Herr Prokurist, wir gehen doch heute zum Sputnik!"

Aber auch der Hinweis auf diesen damals sensationellen russischen Himmelskörper half nichts, der Zimmerbewohner verharrte offenbar in einer Art Weltraumtiefschlaf.

Jetzt geriet die Frau Pauline in Panik. Sie trommelte ein wildes Stakkato ans Holz und stieß dazu Alarmschreie aus, die genügt hätten, eine schlafende Elefantenherde zu einer wilden Flucht zu bringen.

Als erneut keine Reaktion erfolgte, verwandelte sich die Morgenweckerin in eine Art Nachthemdguru. „Auferstehung", bläkte sie, „Erweckung, Erleuchtung!"

Und tatsächlich — die inzwischen zusammengeströmten Gäste erlebten es mit — langsam, unendlich langsam senkte sich die Türklinke und langsam, wie von geheimnisvollen Kräften bewegt, ging die Türe auf. Die Frau Pauline stand in tiefem Entzücken. Sie hatte ihn doch geweckt, ihren Anvertrauten!

Doch stieg in ihre Augen blankes Entsetzen. Denn im Türrahmen erschien ein Mensch, der ganz anders aussah als der erwartete Prokurist. Ein Mensch mit einem tiefschwarzen Gesicht, rollenden Augen und gekräuseltem Haar. Und nicht genug dieses Anblicks trug er auch noch einen blütenweißen Schlafanzug aus dem ebenfalls nachtdunkle Extremitäten ragten.

Die Frau Pauline verharrte mindestens zehn Sekunden sprach- und atemlos, dann entrang sich ihr ein Schrei. „Um Himmelswillen, Herr Nachbar", rief sie in völligem Unbegreifen, „haben Sie sich aber über Nacht verändert!"

Und entfloh danach mit flatterndem Hemd, so wie es auch die Gurus tun, wenn ihnen eine Erweckung total mißglückt ist!

KEINER ENTGEHT SEINEM SCHICKSAL

Die Sache mit dem irrtümlicherweise aus seinem Morgenschlaf gerissenen Neger konnte die Frau Pauline nur einen Tag lang schocken. Solche Nackenschläge überwand sie relativ leicht.

Allerdings ging der durch seinen jähen Zimmerumzug den Vorfall auslösende Prokurist ihrer tieferen Zuneigung verlustig. Die Frau Pauline warf ab dato ihr männersuchendes Auge auf einen mitreisenden Junggesellen. Dieser war Inhaber einer kleinen Kunstboutique und glich in seiner sphärenhaften, fast hochmittelalterlichen Art jenen Minnerittern, die bekanntlich die Damen auch nur angedichtet, aber nie angefaßt haben.

Besagter Herr (wir dürfen ihn ruhig etwas näher beschreiben, denn er ist längst dort, wo alles nur noch schwebend ist und reine Verklärung) war aus dem einzigen Grund mitgereist, einmal in starker Verdichtung versammelt zu sehen, was er sich in den stillen Stunden seines Lädleins nur in der Phantasie vorstellen konnte: Die Schätze der Azteken im mexikanischen Ausstellungspavillon, die Reste der legendären Inkakultur bei den Peruanern, die tiefsinnige Kunst der Perser, der Inder, der Ägypter, der Thai und der Maori in den anderen exotischen Häusern.

Der Genuß dieser inwendig so reichen Dinge verlief für ihn allerdings nicht unbeschwert, denn die Frau Pauline nutzte bereits die Gruppenfahrt mit der Trambahn zum Weltausstellungsgelände für einen Frontalangriff.

„Wir zwei", sprach die Frau Pauline ihren Nebensitzer an und warf dazu einen Blick noch schmelziger als der, mit dem das literaturbekannte Kätchen von Heilbronn ihren widerspenstigen Ritter vom Strahl in einem Zug aufs Lotterbett geworfen hatte, „wir zwei sind die einzigen in dem ganzen Verein, die einschichtig sind. Darum werden wir zusammen durch die Weltausstellung gehen!"

Was blieb nach einem solchen Diktat dem Nachfahren mittelalterlichen Chevaliers anderes übrig als diesem Wunsch zu folgen, und so sah man wenig später die beiden hautnah durch die weltweite Exposition schreiten, wobei die Hautnähe ausschließlich durch die Frau Pauline bewirkt wurde.

Der ätherisch veranlagte Boutiquenbesitzer litt allerdings nur stumm, höchstens daß er die Augen verdrehte, wenn die Frau Pauline angesichts einer dämonisch schönen Südseemaske erklärte, solche Dinger trügen daheim in ihrem Dorf an Fastnacht die Kinder.

Doch als sie dann im mexikanischen Tempel eines mit unvorstellbarer handwerklicher Kunst aus Gold getriebenen Hahns erklärte: „So einen Gockel habe ich auch in meinem Hühnerhof. Der hockt dauernd auf den Hennen!", da war in ihm nur noch ein Gedanke: Flucht!

Es ist sicher, daß der von ihr leibhaftig und verbal so hartnäckig verfolgte Kunstästhet in seinem ganzen Leben noch nie in einem Sessellift gefahren war, an diesem Vormittag erschien ihm jedoch ein solches Gefährt als letzte Rettungseinrichtung.

Denn die auf hohen Stelzen durch das Weltausstellungsgelände gleitenden Gondeln besaßen jeweils nur einen Platz, und so konnte die Frau Pauline nicht neben ihm sitzen. Zu allem Glück hin erklärte sie auch noch, in ein solches Teufelsding würde sie niemand hineinbringen. Das schloß auch eine Direktverfolgung aus.

Der Flüchtling saß also ein und gondelte los. O, hätte er es doch nie getan, denn statt eines hehren Fahrgefühls lernte er die Durstgefühle eines drei Tage lang durch die Sahara irrenden Legionärssoldaten kennen. Auch mir wurden sie bekanntgemacht, allerdings erst, als ich auf dem Weg durch das Ausstellungsgelände unter dem Atomium vorbeikam, dem aluminiumglänzenden Wahrzeichen der Brüsseler Weltschau.

Dort vernahm ich plötzlich von oben her eine klagende Stimme, und sie gehörte unverkennbar meinem mitreisenden Boutiquenchef.

Dieser hing mit seiner Gondel so um die fünf Meter über mir, akkurat vor einer die Sonnenglut dieses infernalischen Sommers in doppelter Stärke wiedergebenden Silberkugeln.

„Was machen Sie denn dort oben?", rief ich verblüfft zu dem statt vorwärts-, nur sanft hin- und herschaukelnden Menschen hinauf, und was der daraufhin herunterdringen ließ, glich den Hoffnungslauten, die der obengenannte Legionär wiedergeben würde, wenn er unversehens hinter einem Dünenkamm eine Oase erblicken würde mit Kamelen, Houris und Frischwasser.

„Fluchtversuch", ächzte es von oben, „Fluchtversuch unternommen. Aber total mißglückt. Hänge mit dem verdammten Ding schon über eine Stunde fest! Können Sie nicht etwas Trinkbares heraufwerfen?"

Ich spurtete ab und erwarb an einem Getränkestand einen Beutel mit eisgekühltem Fruchtsaft.

„Achtung, auffangen", rief ich, und ließ das Behältnis steigen. Der Mann dort oben, der in seinem Leben sicher noch nie einen Torwart gemimt hatte, weder beim Fußball noch beim Rugby, griff aus der Gondel und prompt daneben. Der Beutel zerklatschte auf dem Asphalt und ließ eine glutäugige Malaiin einen Weithupf machen. Bevor ihr Begleiter seinen Kris zücken und mich durchbohren konnte, hüpfte ich seitwärts davon.

„Der Mann geht ein", befiel es mich, „habe Mut und kehre zurück".

Ich tat's. „Gottlob", kam es von oben. „Sie sind retour. Bitte machen Sie noch einen Versuch, ich dürste unsäglich!" Mildtätig, wie Reiseleiter nun einmal zu sein pflegen, unternahm ich also ein weiteres Wurfexperiment.

Vielleicht hätte der zunehmend schlappriger wirkende Gondelinsasse diesmal den richtigen Zugriff unternommen, aber plötzlich ruckte der Lift an und der Ärmste fuhr an seiner Labsal vorbei. Fünf Meter weiter stand das tückische Transportgerät allerdings erneut.

„Abspringen", riet ich nun, denn der Delinquent zeigte bereits die Zunge. Doch einer solchen Verzweiflungstat war er offensichtlich noch nicht fähig.

„Zu hoch", stöhnte er, „ich würde ganz schön zerschmettert!" Wie durch ein Wunder kam er dann doch nicht als ausgedörrte Aztekenmumie an der Endstation an, denn offenbar gelang es einem findigen Lifttechniker das renitente Ding wieder in Ordnung zu bringen. Es tat einen Rucker und dann schwebten die Gondeln unaufhaltsam weiter, und in einer von ihnen mein liebes Reisegruppenmitglied.

Ich blieb unter ihm, denn man konnte ja nicht wissen, und nach zehn Minuten war die Luftfahrt vorbei.

Mühsam kletterte mein Mann aus der Gondel und zu Boden, ein Wrack nur noch, äußerlich und innerlich abgeschlafft.

Schon wollte ich zu ihm eilen und ihn trösten, aber da kam mir eine andere Gestalt zuvor, und es war unzweifelhaft die der Frau Pauline!

„Sie", rief sie dem Aussteiger empört zu, „wo sind Sie denn so lange geblieben? Ich warte schon eine Stunde auf Sie!"

Das Schicksal erspart eben auch sanftmütigen Menschen nicht die Leiden, die es so spöttisch für sie ersann!

PAPA MIA

Vom Corale Bambini Bellinzonesi war hier schon einmal die Rede, von jener liedseligen Gemeinschaft, deren Mitglieder aus der burgenüberstandenen Tessiner Kantonalhauptstadt Bellinzona und aus den ringsumliegenden Dörfern kommen. Die Buben heißen Giacomo, Giovanni, Luigi oder Raffaele, und sie haben bereits die stämmige Figur und den dichten schwarzen Haarbusch der Tessiner Männer, indessen die Silvanas, Lucianas, Marias oder Marittas mit ihren schmalen Schläfen und den von feinen Brauen überschwungenen dunklen Augen schon die stille Schönheit der Tessiner Frauen erahnen lassen — es sind aber auch ganz entzückende Blondschöpfe dabei, haben doch Ligurer wie Kelten und Römer wie Alemannen das Bild der Bewohner dieser ewigen Durchzugslandschaft geprägt.

Aber ganz gleich ob schwarz oder blond und manchmal auch braun, sie besitzen alle eine wunderschöne Stimme, welche die Vokale nur so klingen und die Konsonanten nur so schwingen läßt, und alle tragen sie zu ihren Ringelsocken die mit Holzsohlen versehenen Zoccoletti, das typische Schuhwerk des Tessin.

Wenn sie zu Beginn eines ihrer Konzerte mit dem Auftrittslied „Aprite le porte" anmarschiert kommen, dann klappert es nicht nur so, als käme da die im Lied besungene Kompanie Tessiner Soldaten daher, sondern gleich die ganze Kantonalsarmee.

Ja, ich liebe sie, meine Tessiner Kinder, und weil ich bei den vielen Auftritten, die wir schon vor Reisegruppen miteinander hatten, nicht nur den Inhalt ihrer Lieder erkläre, sondern ihnen auch jedesmal hinterher die größte Eistorte spendiere, welche der Hotelkonditor herzustellen vermag, sagen sie eben alle „Papa“ zu mir, ein Wort, das im Italienischen nicht nur Vater, sondern auch so etwas wie Chef oder Meister bedeutet.

Nun kenne ich den Tessiner Kinderchor schon an die fünfzehn Jahre, eine Zeit, in der die damals Zwölfjährigen bereits siebenundzwanzig Jahre alt sind und als gestandene Väter und junge Mütter selber Kinder haben, während von unten immer neue Buben und Mädchen nachrücken.

Wenn man nun alle die kleinen und schon erwachsenen Bellinzonesi zusammenzählt, die „Papa“ zu mir sagen, so ergibt das schon eine recht erkleckliche Zahl. Und das hat seine Folgen!

Komme ich mit einer Reisegruppe ins schöne Tessin und wandere mit dieser durch Bellinzona, um ihr die aus den engen Gassen aufsteigende Fassade der Kollegiatskirche zu zeigen, in der mein Freund Don Franco gepredigt hatte, das Castello Grande, dessen von den Eidgenossen angestellter Kastellan Geld hatte hinterlegen müssen, damit ihm die Kanonen nicht wegkamen, das in der Mitte gelegene Montebello mit seinen ghibellinischen Zinnen, oder sogar mit ihnen hinaufsteige zum Sasso Corbaro, dem Rabenstein, zu welchem Programm noch die Kirche von Ravecchia kommen muß mit ihren wahrhaft glaubensbrünstigen romanischen Fresken, dann gerate ich unwillkürlich meinen Tessiner Kindern in die Quere.

Ein Dutzend Reiseteilnehmer vor mir, ein Dutzend solcher Leute um mich herum und ein weiteres Dutzend Tessinfahrer hinter mir vernimmt dann plötzlich vom ersten Stock eines Bellinzoneser Stadthauses eine Kinderstimme, die ruft: „Ciao, Papa!“ Ähnlich kann es aus dem Fenster eines vorbeifahrenden Autos klingen, von einem Tisch her vor einer Osteria, um die ein paar junge Leute sitzen, und manchmal kommt uns eine junge Mutter entgegen, die so einen kleinen

Raffaelengel im Kinderwagen führt und meiner ansichtig werdend beglückt den Gruß spricht: „Giorno, Papa!" Der letztere Fall ist sogar besonders fatal, denn dann hält man mich schon für einen Opa!

Die Reiseteilnehmer reagieren da höchst einheitlich. Beim ersten „Giorno" oder „Buona sera, Papa!" glauben sie sich noch verhört zu haben. Beim zweiten stellen sie bereits die Ohren wie eine Schar Märzenhasen, wenn ihnen ein Fuchs entgegenschnürt, beim dritten Mal stecken sie bereits die Köpfe zusammen und beim vierten Gruß geht schon ein lautes „Zsch-Zsch" durch die Gruppe.

Kommt dann noch ein fünfter Tessiner „Papa"-Rufer daher, lassen sich schon heftige Dialoge erkennen.

Dies bleibt so etwa bis zum achten oder neunten „Papa"-Gruß, und ab dann werfen die Leute geradezu bewundernde Blicke auf mich.

Und spätestens ab da beginne ich inwendig zu frohlocken und zu schwellen. Denn was gibt es Genüßlicheres, wenn man für einen bedeutenden Casanova gehalten wird, für einen ganz enormen Sünder und auch noch für einen ganz extraordinär vermögenden Menschen.

Und ist doch nur ein ganz normaler, braver Reiseleiter und Kinderchor-Papa!

SCHLANGEN TRINKEN KEINE MILCH

Mein Freund Lido war nur ein Chauffeur – so hatte ich zuerst schreiben wollen, das „nur" in Anführungszeichen gesetzt. Aber dann dachte ich nach. Ist denn einer ein „nur", wenn bei ihm Beruf, Lebensart, Geist und Witz nicht im gesellschaftsüblichen Proporz stehen? Gibt es das denn überhaupt: den Nur-Chauffeur, den Nur-Handwerker, den Nur-Beamten?

Das gibt es nicht, und darum schreibe ich hier: Mein Freund Lido war ein Chauffeur. Und was für einer er war!

Er brachte die kleinen, wendigen Bergbusse der Locarneser Verkehrsgesellschaft ebenso sicher durch die Serpentinen der Monti di Motti wie einen großmächtigen Luxusliner über die fußballfeldbreite Autostrada von Lugano nach Mailand.

Das bemerkenswerteste an meinem Freund Lido war indessen nicht sein fahrerisches Können, sondern sein Fahrstil. Da er das Tessin nicht nur bis in den hintersten Winkel eines Tales kannte, sondern auch bis in den hintersten Winkel seines Herzens liebte, wollte er es allen nahebringen: Seine Geschichte, seine künstlerischen Zeugnisse, die Lebensumstände der Bewohner. Er tat dies über die Omnibuslautsprecher und damit diese wiedergaben, was er zu sagen wußte, mußte er das Reiseleitermikrophon vor den Mund halten. Das erforderte eine Hand. Eine zweite brauchte er, um das Lenkrad zu drehen, doch drehte er einhändig auch in den engen Kurven des Morobbiatales. Schließlich benötigte er eine dritte Hand, um in die Gegend zu deuten, wobei zu sagen ist, daß der Lido sichtlicherweise nur über zwei Arme verfügte und keinen einzigen mehr.

(Die Sache ist religiös erklärbar: Der Lido mußte über eine dritte Hand verfügen wie einer der Jünger auf dem berühmten Abendmahl des Leonardo da Vinci in der Kirche Santa Maria delle Grazie in Mailand. Denn wer dort die Hände zählt kommt – die des Herrn nicht gerechnet – auf fünfundzwanzig!). Den Lido wollten die Einwohner von Orselina oberhalb Locarno zu ihrem Bürgermeister wählen, doch dazu kam es nicht mehr. Er starb an einem Frühlingsmorgen, als er schnell noch die Steintreppe seines Hauses von einem Rest Eis befreite. Es genügte, daß er beim Ausrutschen mit dem Kopf gegen eine Treppenstufe schlug, gegen den Zubiß einer Granitkante war seine Schläfe nicht widerstandsfähig genug. Manchmal besuche ich ihn noch auf dem Friedhof von Selva...

Der Lido besaß eine tiefe Fröhlichkeit. Er mochte alle Menschen, und alle Menschen mochten ihn. Fuhren wir zum Beispiel ins Onsernonetal, so entdeckte er fast in jedem Dorf ein ihm bekanntes junges Mädchen, und auch die hübschen jungen Frauen dieses Tales waren ihm bekannt.

„Ecco, cusina!", rief er begeistert, stoppte den Bus und gab der Kusine einen Kuß. Die ließ es sich gern gefallen, und es gab selbst dann keinen Ärger, wenn der Ehegatte in der Nähe war. Im Gegenteil, die Tessiner Mannsbilder waren sogar stolz, wenn der Lido ihre Frauen eines Kusses für würdig hielt, denn dies war eine Auszeichnung!

Seine bedeutendsten Erfolge erzielte der Lido allerdings dadurch, daß sein Sohn Turmuhrmacher war. Und da viele der Tessiner Campanile mit recht schadenanfälligen Zeitanzeigern versehen sind, hockte der Lido-Sohn im ganzen Ticino umeinander.

Der Vater erzählte dem Sohn, an welchem Tag und um welche Stunde er durch ein Tessiner Dorf fuhr, und der Sohn berichtete seinem Erzeuger, wann und wo er wieder in luftiger Höhe an einem Uhrwerk herumbastelte, und dies ließ in den Vater- und Sohn-Köpfen eine Idee entstehen:

Kaum wurde der Lido eines bestimmten Campanile ansichtig, so griff er schon zum Mikrophon und verkündete, daß der dortige Kirchenheilige sein spezieller Schutzpatron sei. Dies ließe sich daran erkennen, daß wunderbarerweise sofort die Glocken zu läuten begännen, wenn er auf den Kirchplatz einbiege, ja, es gebe sogar Kirchenheilige, die ihn, den Lido, so sehr liebten, daß sie ein ganzes Glockenspiel vom Campanile herunter ertönen ließen. Allerdings, schränkte der Heiligenfreund ein, handle es sich angesichts seines noch nicht seligen Zustandes meist um ein irdisches Volkslied und nicht um einen Choral.

Natürlich wurde dies von der gesamten Omnibusbesatzung als Aufschneiderei angesehen, doch der Lido sprach nur: „Eh, ihr werdet ja sehen!", und fuhr weiter.

Lido-Vater und Lido-Sohn machten es meist besonders spannend. Denn wenn der Omnibus vor der Kirche zu halten kam, geschah zunächst einmal gar nichts. Dann aber begann unversehens die Uhr zu schlagen, zwölfmal, egal ob es gerade halb zehn Uhr am Morgen oder halb vier Uhr am Nachmittag war. Konnten dies die Zuhörer noch als Zufall ansehen, so machten sie langsam nachdenkliche Mienen, als die Glocken zu läuten anfingen, und wenn schließlich ein Tessiner Volkslied vom Turm herunterklang, dann sperrten sie Mund und Ohren auf.

Der Lido überließ es seinen Fahrgästen, eine Erklärung für dieses Tessiner Kirchenwunder zu finden, gab Gas und küßte die nächste Cusina. Er tat dies allerdings erst, wenn er außer Sichtweite des kirchturmhockenden Sohnes war, denn alles brauchte der schließlich auch nicht zu wissen!

Hier wäre nun von einer Auffahrt nach Indemini zu berichten, einem kleinen Dorf, das sich in die Senke zwischen dem mächtigen Klotz des Gambarogno und der aufschießenden Pyramide des Tamaro duckt.

Der Lido nahm die aus einer schier endlosen Folge von Serpentinen bestehende Indemini-Straße wieder einmal „dreihändig". Er zeigte in tiefe Schluchten und auf steile Gipfel und erzählte auch vom harten Leben der Leute von Indemini. Durch politischen Ratschluß zur Schweiz gehörend und darum von der nächstgelegenen italienischen Ansiedlung abgeschnitten, war Indemini bis in den Ersten Weltkrieg hinein „das vergessene Dorf" des Tessin. Im Sommerhalbjahr konnten die Frauen mit schweren Traglasten auf dem Rücken den steilen Anstieg zum Sankt Anna-Paß und den noch steileren Abstieg zum zwölfhundert Meter weit unten gelegenen Uferdorf Vira gerade noch bewältigen (am Nachmittag ging 's den gleichen, beschwerlichen Weg wieder zurück), doch im Winterhalbjahr war Indemini im wahrsten Sinne des Wortes sich selbst überlassen.

Wenn der Lido dann noch von dem Brief berichtete, den Bürgermeister, Pfarrer und Lehrer des Dorfes an die Regierung schrieben und in dem sie schilderten, daß in der reichen Schweiz, dem Land des Pestalozzi, des Dunant und so vieler humaner Geister die Kinder eines Dorfes im Zustand von Tieren leben müßten, dann verlor auch er seine Fröhlichkeit, und seine Stimme wurde sogar bitter, wenn er sagte, daß die so lange vergeblich gewünschte Indemini-Straße dann doch gebaut wurde — als Militärstraße, denn dafür hatte man dann Geld!

Der „Dreihand"-Chauffeur fand jedoch bald wieder zu seinem Naturell zurück. Auf der hochgelegenen Alpe di Neggia entdeckte er eine Viehherde, und diese erweckte in ihm eine seiner großen Inspirationen.

Mit todernster Miene erzählte er, daß die Bauern, die hier ihre Kühe sömmern ließen, jahrelang darüber gerätselt hatten, warum diese so wenig Milch gaben. Sie schoben es auf den schiefrigen Boden der Neggia-Weiden, auf die ständig dort wehenden Bergwinde, auf das darum nicht gerade üppig wachsende Futter und auf wer-weiß-was-noch für Gründe, doch auf den eigentlichen Grund für die Unergiebigkeit ihrer Kühe kamen sie laut Lido nicht.

Bis eines Morgens einer der Viehhüter eine Entdeckung machte. Er war schon sehr früh aus der Hütte getreten, und da sah er zu seinem Entsetzen von fast jedem Kuheuter vier kurze Stricke ins übertaute Gras hängen. Als er nähertrat, wurde er böse angezischt, und nur noch ein rascher Sprung zurück konnte ihn vor gefährlichen Bissen retten. Denn die Stricke waren nichts anderes als Giftvipern, die auf der Alpe di Neggia in einiger Zahl vorkommen.

Die Viecher soffen laut Lido um die Wette, und als ihre grauslichen Schlangenbäuche gebläht waren vor lauter Labsal, zischten sie nochmals zu dem gebannt dastehenden Viehhüter hinüber und verraschelten im Gras.

Die Sache wurde zunächst nicht geglaubt, bemerkte der Lido weiter, aber als sich dann andere Bauern frühmorgens auf die Lauer legten, mußten sie den gleichen Tatbestand feststellen: Die Vipern tranken die ganzen Kuheuter leer!

Der Lido hatte gerade mit seiner Schauergeschichte geendet, da tönte vom Hintergrund des Omnibusses ein Ruf nach vorn, und die Stimme gehörte einem mit ins Tessin gefahrenen jungen Arzt. „Das ist blanker Unsinn", rief er, „Schlangen trinken keine Milch!"

„Und was hätten sie sonst aus den Eutern trinken sollen?", fragte der Lido seelenruhig durchs Mikrophon retour.

Jetzt eilte der Doktor nach vorne. „Geben Sie mir das Mikrophon", forderte er den Lido auf, und er berichtete, daß er sich mehrere Jahre in den Tropen aufgehalten und dort speziell mit Schlangen beschäftigt habe.

„Reptilien können gar nicht saugen", erläuterte er weiter und hielt einen Vortrag über den Bau eines Schlangenmaules, das zwar kräftig zuschnappen, nie und nimmer jedoch Milch aus einem Kuheuter zu ziehen vermöge.

Der Reptilienexperte machte in seinem Eifer sogar eigenmündig vor, wie eine vorderindische Königskobra beißt, und er zischte dazu, daß die ganze Omnibusbesatzung vor Lachen vibrierte, und am stärksten vibrierten die Busen der Damen!

Der so zurechtgewiesene Lido wartete, bis der Doktor auf seine Rückbank zurückgekehrt war, dann war er wieder an der Reihe. „Ich bin nur ein einfacher Omnibuschauffeur", sprach er mit der Sanftmütigkeit eines Heidelamms, „und der Herr Doktor ist ein Studierter". „Aber", so fügte er mit der ganzen Aufmüpfigkeit eines kleinen Mannes hinzu, „wir haben es halt gesehen, Herr Doktor!"

Jetzt eilte der Tropenmediziner zum zweiten Mal herbei. Er wolle sich keinesfalls über einen Nichtakademiker erheben, rief er, aber er müsse nun über Sinnestäuschungen sprechen. Gerade in den Bergen mit ihrem diffusen Frühlicht vermöge es in Verbindung mit der stark sauerstoffhaltigen Morgenluft zu Halluzinationen kommen. Die auf Aufklärung des Milchschwunds ihrer Kühe bedachten Bergbauern könnten so leicht in ein paar an den Eutern hängenden Grashalmen saugende Vipern erkennen. Wonach er sich auch noch erstaunlich eloquent über die Seiltricks der hinterindischen Yogis ausließ.

Während sich bei seinem Rückmarsch die gesamte Omnibusbesatzung auf den Bauch drückte, um ja nicht laut herauszuplatzen, bereitete der Lido seine Gegenattacke vor.

Vielleicht so begann er sie, könne ein Tessiner Bergbauer nach einer durch reichlichen Genuß von Grappa bedingten Linsentrübung schon einmal ein Büschel Gräser für eine ja gleichfalls grüne Viper halten, doch im gesamten Tessin, von Airolo bis Chiasso, vermöchte sich niemand daran zu erinnern, daß ein Grashalm gezischt habe.

Der so erneut geforderte Schlangenkundler biß jedoch immer noch nicht in den Apfel vom Baum der Erkenntnis.

Er wollte vielmehr zum dritten Disput antreten, da hielt ihn ein Reiseteilnehmer am Arm zurück und fragte: „Aber Herr Doktor, haben Sie noch nicht gemerkt, daß der Lido den Schlangenbeschwörer spielt, und Sie macht er zu einer nach seiner Flöte tanzenden Brillenschlange?"

Jetzt kam bei dem Manne das „Aha"-Erlebnis und er kehrte stumm zurück an seinen Platz.

Bis zum Abend wirkte er ein wenig verhalten, dann aber erwies er innere Größe. Er lud den Lido zu einem Merlot ein, und es blieb nicht bei einer Flasche. Insgesamt wurden es deren drei — Selezzione d'Ottobre, der beste Rotwein des Tessin!

Wie alle vortrefflichen Weine muß man ihn „beißen", und dazu braucht man freilich einen Weinzahn und kein Milchgebiß!

USCITA

Mitunter möchte man als Reiseleiter für eine kleine Weile seine Arbeit wechseln können und der Pilot eines doppelsitzigen Düsenflugzeugs sein. Nicht etwa, um mit diesem schnell davonfliegen zu können, sondern des in diese schnellen Apparate eingebauten Schleudersitzes wegen. Man bräuchte dann nur auf einen Knopf zu drücken und mit einem Kracher wäre der Co-Pilot weg!

Es geht, wie man bereits bemerkt hat, nicht um den eigenen Sitz, sondern um das Untergestell, auf dem einer jener „Reisebesserwisser" hockt, der zwar nicht in allen, aber doch — dem heiligen Sankt Tourismus sei 's geklagt! — in vielen Reisegesellschaften vorkommt. Den „Reisebesserwisser" gibt es sowohl in männlicher wie in weiblicher Ausgabe — in der letzteren allerdings häufiger.

Er sitzt irgendwo im Mittel- oder Hintergrund des Omnibusses auf der Lauer, und wenn der Reiseleiter etwas durchs Mikrophon erklärt, dann weiß es der „Reisebesserwisser" sofort besser. Er korrigiert immer nur in Details, die der Reiseleiter nur nebenher behandelt, die großen Zusammenhänge interessieren ihn weniger.

Sein Wissen bezieht dieser Typ aus einem jener schlauen Reisebücher, die es überall zu kaufen gibt. Es liegt ständig aufgeschlagen auf seinen Knien oder ruht, neben anderen einschlägigen Werken, ständig griffbereit in einer zu Füßen des reisenden Beckmessers abgestellten Tasche.

Als wir in einem heiteren Sommer im Omnibus nach Florenz reisten, hatte ich eine solche besserwissende Dame dabei.

Schon bei der Fahrt durch die Schweiz erregte sie in mir die oben beschriebenen Düsenjägergefühle.

„Der Bernardino-Tunnel ist sieben Kilometer lang“, erläuterte ich, als wir durch die respektable Leistung der eidgenössischen Straßenbauer fuhren, und sofort kam der Partisanenschuß von hinten: „Noi, es sent nur sechstausendneunhondert Meter!“, denn die Dame war zu allem hin auch noch Schwäbin!

„Laß' sie“, dachte ich mildfromm, „Schwaben sind auch Menschen“, und wandte mich dem Klima der vor uns liegenden Landschaft zu. „Das Tessin hat 300 Sonnentage im Jahr“, stellte ich fest, als wir der eilfertigen Moesa entlang dem Lago Maggiore zubrausten.

Doch kaum hatte ich 's gesprochen, da kam 's erneut von hinten: „En meim Büchle steht aber, es sent dreihondertonddrei!“

In mir begann es jetzt leise zu köcheln wie in einem Tessiner Polentakessel, aber noch hielt ich dem inneren Kesseldruck stand.

„Trinke beim Mittagshalt am Luganersee einen Merlot“, riet ich mir selber, „der dämpft, und vielleicht trinkt die Dame im Hintergrund auch einen.“

Aber obwohl ich an den Gestaden des Lago Ceresio sogar anderthalb Flaschen Merlot in mich kippte (die Dame trank ein Mineralwasser und ärgerte sich beim Bezahlen über den Preis), ich war noch immer nicht gedämpft.

Die Heckenschußmadam belehrte mich bei der Weiterfahrt über die exakte Zahl der Alpenübergänge Barbarossas, über das genaue Längenmaß des Pos, über die metergenaue Höhe des höchsten Appeningipfels und sie wußte auch wie der Etruskerkönig hieß, der Felsina, das heutige Bologna, vor zweieinhalbtausend Jahren gegründet hatte. Selbst über den Kurs der Lire wußte sie bis auf drei Stellen hinter dem

Komma Bescheid, denn sie hatte sich vor dem Grenzübertritt in Chiasso noch die „Neue Zürcher Zeitung" gekauft.

Als wir in Florenz ankamen, war ich so ausbruchbereit wie der Krakatau im Jahre 1882 (um schwäbischen Oberpräzeptoren den Wind aus den Segeln zu nehmen: tatsächlich ausgebrochen ist er dann erst 1883!).

Gottlob saß beim Abendessen eine weit liebenswertere Reiseteilnehmerin neben mir, ich hätte sonst noch einmal beruflich umdisponiert und wäre Sprengmeister geworden!

Am Morgen gingen wir durch Florenz. „Die große Signorina", wie die „Blühende" von ihren Städtenachbarn genannt wird, empfing uns zuerst unter Regen, dann aber, als ich mir einen Regenschirm gekauft hatte, ließ sie eitel Sonne auf sich herniederscheinen.

Es gab angesichts dieser wundererfüllten Stadt vier Dutzend selige Reiseteilnehmer, nur die Schwäbin war nicht selig, sondern kritisch. Sie wußte nach wie vor alles besser – sogar ohne Buch. Mit Sicherheit hatte sie zuvor einige Dutzend Jahreszahlen auswendig gelernt!

Den Abschluß des Tages bildete ein Besuch der Uffizien. Doch während andere sprachlos werden, wenn sie vor Leonardos Werken stehen, vor denen des Michelangelo, des Botticelli, des Giotto, des Donatello, und wie sie alle heißen, die Schöpfer dieser unsterblichen Bilder und Plastiken, das Mundwerk der Reiseschwäbin ging unentwegt.

„Des hent Se vergessen zu sagen, Herr Reiseleiter", sprach sie, als wir den Filippo verließen und zu den Venezianern gingen, und so erfuhren wir auch noch, was die Leibspeise dieses großen Malers gewesen war.

Schon beschloß ich aus einem der Uffizienfenster in den Arno zu springen (eine beherzte Reiseteilnehmerin hielt mich gerade noch davon ab), da kam angesichts eines kleinen Türschildes eine, nein, meine Sternstunde!

In den Uffizien ist über jedem in den nächsten Saal führenden Durchgang der Name des hauptsächlich dort versammelten Künstlers geschrieben. Da wir jedoch dem Ausgang nahe waren, stand auf dem mir so heftig ins Auge gesprungenen Schildchen nicht „Tizian" oder „Caneletto", sondern schlicht und einfach „Uscita".

Meine zuvor schon gemachte Beobachtung, daß die Dame in allem kenntnisreich war, nur nicht in der italienischen Sprache, gab der in mir aufzuckenden Blitzidee vollends Gestalt und Prägnanz.

„Wir können", sprach ich mit einem bedauernden Blick auf meine Armbanduhr, „den Uscita leider nicht mehr ansehen. Sonst reicht es uns nicht mehr für die Academia mit dem David von Michelangelo."

In den Blicken meiner übrigen Reiseteilnehmer stand blankes Mitleid. „Jetzt spinnt er", so konnte ich in allen Augen lesen, „jetzt hat sie ihn vollends geschafft!"

Doch dann ertönte von hinten her erneut die Stimme meiner schwäbischen Bildungsstaatsanwältin, und vor lauter Empörung sprach sie jetzt ein fast reines Hochdeutsch. „Ohnmöglich", schrillte sie, „geradezu ohnmöglich! Gerade den Uscita wollet Sie weglassen, wo der doch sooo typisch ischt für die Florentiner Schule!"

Drei Sekunden herrschte tiefe Stille in meiner Gruppe, dann brandete ein Lachen auf, daß schiergar eine Donatello-Büste vom Sockel fiel.

Es wollte gar nicht enden, und da alle Blicke der uscitabegehrlichen Dame zugewandt waren, begriff diese so langsam, was Uscita eigentlich bedeutete. Ihr Gesicht hätte dem Leonardo zu einer seiner interessantesten Studien dienen können!

Fortan blieb die Dame still und verbissen. Sie korrigierte mich nicht einmal, als ich nach einer sehr kräftigen Chiantiweinprobe behauptete, die Mona Lisa hinge im Tower von London und stelle die Maria Stuart kurz vor ihrer Hinrichtung dar.

Wenigstens hätte sie selber lächeln können wie die Mona Lisa, das wäre echte menschliche Größe gewesen!

O GROSSER SULTAN

Gleich hinter Dubrovnik, dieser in ihrer Geschichte wie in ihrer Architektur so hinreißenden Stadt an der südlichen Adria, erhebt sich der Kalkberg Srd. Von seiner 412 Meter über dem Meeresspiegel ragenden Spitze hat man einen unvergeßlichen Ausblick auf die Mauern der einstigen Seefahrerrepublik und die ihrem Küstensaum vorgelagerten Inseln. Das Bild wird zu einer Theaterkulisse, wenn weit draußen die Sonne ins Meer hinuntertaucht, und von geradezu atemberaubender Schönheit ist es in einer hellen Vollmondnacht. Dann treten Strukturen aus dem Helldunkel, wie sie dem Zusammenspiel von Natur und menschlicher Kunstfertigkeit nur in ganz glücklichen Augenblicken gelingen wollen.

Während es früher ebenso schwierig war, den jeglichen vokalen Wohlklangs entbehrenden Namen des Berges Srd auszusprechen, wie auf ihn hinaufzugelangen, ist heute nur noch die sprachliche Bezwingung für den Mitteleuropäer problematisch. Der Gipfel ist durch eine bereits am Stadtrand beginnende Drahtseilbahn erschlossen, und ein ehedem nur mit dem Mut zum Abenteuer befahrbares schmales Sträßchen ist inzwischen gut ausgebaut.

Es war noch zur Zeit der Abenteuerlichkeit, als eine größere Gruppe von Kunstfreunden, alle dem gleichen Kunstverein zugehörig, nach Dubrovnik reiste.

Am Abend des letzten Aufenthaltstages, als sie alles gesehen und besucht hatten, was in dem einstigen Ragusa sehens- und besuchenswert ist, beschlossen die kunstfrohen Damen und Herren noch hinaufzufahren auf die Höhe des Berges Srd, dort zuerst die berühmte Aussicht zu genießen und anschließend in dem gleichfalls berühmten kleinen Bergrestaurant noch ein paar Stunden heiter beisammenzusitzen.

Der wegen der Transportierung angegangene Chauffeur des bundesdeutschen Nobelomnibusses besah als erstes die fadendünne Trasse, die sich den Steilhang des unaussprechlichen Berges hinaufwand, beäugte als zweites den noch jungfräulichen Lack seines Zwölfeinhalbmetergefährts und sprach als drittes: nein. Doch die hartnäckigen Kunstreisenden gaben nicht auf und baten den Reiseleiter um Besorgung eines Transportmittels für die Bergexkursion, und dieser Reiseleiter war ich.

Das Beschaffungsproblem ließ sich relativ leicht lösen, und eine halbe Stunde später standen zwei jugoslawische Kleinomnibusse vor der Hoteleinfahrt.

Nun besitzen dalmatinische Bergbuschauffeure entweder eine unbezähmbare Todessehnsucht, oder sie sind direkte Blutserben der Wagenlenker des bekanntlich auch aus Dalmatien stammenden Römerkaisers Diokletian. Sei 's wie 's mag, jedenfalls nahmen die beiden Lenkradakrobaten die Serpentinen der Srdstraße in einer wahrhaft atemberaubenden Technik. Sie rasten mit heulendem Motor auf den Scheitelpunkt einer Kurve zu, stoppten erst mit einer Vollbremsung, wenn die Stoßstange schon dicht vor dem gähnenden Abgrund war, drehten erneut gasgebend ihre Gefährte nach links oder rechts und fieberten bereits der nächsten Serpentine entgegen.

Die Omnibusinsassen ächzten oder schrien, vor, in und nach jeder Kurve und stiegen, als sie endlich oben waren, in einem tiefen Schockzustand wieder auf festen Grund. Unter ihnen lag das Mondlicht tatsächlich in unendlicher Süße auf der Küstenlandschaft, die Insel Lokrum schwamm gleich einem mächtigen Floß in der Adria, die kleineren Inseln ähnelten einer Flottille stilliegender Boote, und die Lichter der Stadt Dubrovnik spiegelten sich in dem regungslosen Wasser.

Doch das sahen die Hochgebirgsfahrer kaum. Sie eilten in die Gaststätte, um dort zur Beruhigung ihrer aufgerührten Magennerven einen Slibowitz zu trinken. Doch dort erwartete sie nicht die gleiche Hilfsbereitschaft, wie sie einstmals den erschöpft auf dem Großen Sankt Bernhard angekommenen Paßreisenden zuteil geworden war. Der Wirt schenkte weder einen Benediktiner aus noch einen Slibowitz, sondern stellte fest, daß er eine Hochzeitsgesellschaft im Haus und damit weder Raum noch Bedienung für weitere Gäste habe.

Aus den Mündern der ohnehin schon erbarmungswürdig dastehenden Touristen klang daraufhin ein langanhaltendes Klagegeschrei. Man habe, so bekam der Berggastronom zu hören, sein Leben aufs Spiel gesetzt, um zu ihm zu gelangen, und nun müsse man, entgegen der sprichwörtlich jugoslawischen Gastlichkeit, wieder ungestärkt den gleichen Weg zurück.

Das erweichte des Mannes Herz.

Wenn, sprach er, die Damen und Herren in seinem leerstehenden Stall an Holztischen und auf Holzbänken Platz nehmen möchten, und wenn sie sich auch selbst ihren Slibowitz und Wein in die Gläser schenken wollten, dann ließe sich die Sache doch richten.

„Echt rustikal“, schwärmte eine Oberstudienrätin a. D., als die Gruppe in den Stall strömte, und so war es auch. An dem schweren Gebälk hingen Spinnweben, die Bänke und Tische mußten erst abgestaubt werden, und es roch nach altem Heu und frischem Dung — offenbar nächtigte hier doch noch ab und zu ein dalmatinisches Muli.

Doch die Stimmung schlug nun jäh um, aus dem Schock wurde Euphorie. Der von einer hübschen Jugoslawienmaid herbeigebrachte Slibowitz wurde in die Gläser geschenkt und tat sofort sein nervenberuhigendes Werk. Gleich danach kam auch der dalmatinische Rotwein, und jetzt knallten die Pfropfen nur so. An die Bergfahrt, und erst recht an die spätere Talfahrt, dachte niemand mehr.

In dem Stall mußte früher schon einmal eine Festivität stattgefunden haben, denn in einer Ecke baumelte an einem dünnen Draht ein großer, dunkelroter Lampion. Und der brachte, vermutlich angeregt durch die vor drei Tagen erfolgte Besichtigung eines früheren türkischen Harems in Sarajevo, eine der schon stark slibowitz- und rotweinerfüllten Kunstdamen auf eine Idee.

Sie zwirbelte den Lampion los und eilte damit zum Präsidenten des Kunstvereins, einem kunstsinnigen Mann mit der Statur eines Kleiderschranks und rief: „Der Herr Präsident ist der Sultan, und wir sind seine Haremsdamen!"

An welche Behauptung sie noch die Worte anfügte: „Und unsere Herren, das sind die Eunuchen!" Es muß ihr allerdings zugute gehalten werden, daß sie in später Erkenntnis des Wortsinns darauf noch dunkler errötete als der Dalmatiner in ihrem Glas!

Von ihrem Vorhaben ließ sie sich jedoch dadurch nicht abbringen. Sie stülpte den Lampion über das massive, von einer spiegelglatten Glatze gezierte Präsidentenhaupt und sank dann devot vor ihm nieder: „Beherrscher aller Gläubigen, großer Sultan", rief sie, „wir alle sind deine Diener!"

Der „Sultan", der ja zwar als Moslem keinen Alkohol hätte genießen dürfen, trotzdem aber schon genug davon intus hatte und auch weiterhin das Gebot des Propheten mißachtete, forderte sie auf, sich vor ihm zu lagern, wobei ein alter Heusack als Haremsschwellkissen diente, und die anderen Damen taten es ihr nach, indessen die Herren rein platonisch die Eunuchen mimten. Sie sprachen mit Fistelstimme, drehten mit den Fingern an unsichtbaren Bartspitzen und huschten emsig umher.

Der „Sultan" ernannte im Verlauf des immer heiterer werdenden Haremsfestes eine schon reife, aber immer noch formschöne Arztgattin zu seiner Lieblingshauptfrau sowie alle anderen anwesenden Weiblichkeiten zu seinen Lieblingsnebenfrauen und bestellte den mitgefahrenen Vereinsschatzmeister zum Obereunuchen mit Pensionsberechtigung.

Der Rotwein floß nun in wahren Strömen, und eine Stunde später war die ganze Gesellschaft noch illuminierter als ein Kreuzfahrerschiff, das in den nächtlichen Hafen von Dubrovnik einfährt.

Die Nacht war in der Tat lau, ja fast schwül, wie es eben in muselmanischen Harems zu sein pflegt, der Rotwein heizte den Damen und Herren ein, und die vom Wirt zur Erhellung des Stalles auf den Tisch gestellten Kerzen hitzten ebenfalls.

Kein Wunder, daß der „Sultan" unter seinem Lampion zu schwitzen begann. Auf seiner mächtigen Stirn bildeten sich dicke Schweißtropfen, die sich zu kleinen Rinnsalen vereinigten und über die wohlgefüllten Wangen liefen.

Der „Beherrscher aller Gläubigen" befahl einer der Haremsdamen, ihm das Antlitz zu kühlen. Diese ergriff ein Seidentüchlein und legte den starken Mann trocken, doch als sie nach einer Weile die Prozedur wiederholen wollte, hielt sie erschrocken inne, denn der große „Sultan" färbte sich zusehends schwarz ein.

„Schlaganfall", empfand sogleich die Haremsdame, „unser ‚Sultan' bekommt einen Schlaganfall!"

„Hilfe", schrillte sie los, „Arzt, Sanitäter", und wies auf den infarktbedrohten Mann, und jetzt sahen es alle: Das Gesicht unter dem Lampion ward von Sekunde zu Sekunde dunkler, bis es dem des berühmten Nigger-Jonny aus der „Blume von Hawaii" glich. Die Augen, die darin rollten, glichen allerdings nicht denen eines Todkranken, sondern sahen nur verwundert auf das ihn erschrocken anschauende Gefolge.

Als erste faßte sich die gleichfalls anwesende Präsidentengattin. Sie eilte zu ihrem Gemahl, riß ihm zwecks rascher Entlüftung den Lampion vom Kopf und stieß einen schrillen Schrei aus: Ihr Mann hatte statt seiner voluminösen Glatze auf einmal einen Spitzkopf, und dessen Spitze war so schwarz wie die eines eben erloschenen Vulkans. Sie bestand offensichtlich aus Ruß, und dieser wurde von den Schweißbächen mit zu Tal gerissen. Kein Wunder, daß sich der Präsident zwischen Lampion- und Kragenrand so innig gefärbt hatte!

Der Sachverhalt klärte sich vollends bei einer näheren Untersuchung des Lampions. In diesem mußte irgendwann zuvor eine stark rußende Kerze gebrannt haben, hingen doch noch immer eine Unmenge Rußflocken in den Falten des Leuchtkörpers.

Der seines „Turbans" beraubte Präsident wurde daraufhin auf einem Tisch ausgelegt und mittels Papiertaschentüchern von dem zäh anhaftenden Ruß gesäubert.

Das heißt, ganz gelang die Reinigung nicht, denn auch nach einem heißen Duschbad im Hotel wies sein Gesicht noch einen starken Mahagoniton auf, besonders im Vergleich zu dem reinweißen Präsidentenkörper.

Die Präsidentenfrau gab diese Kontrastwirkung am nächsten Morgen ihrer Frühstücksrunde preis.

Mehr verriet sie allerdings nicht, doch da sie alleweil eine stark liberale Dame war und sich damals samt ihrem Präsidenten noch in einem fröhlichen Mittelalter befand, ist anzunehmen, daß sie gegenüber ihrem „Farbigen" keinerlei Rassenressentiments zeigte, zumal er ja auch kein reiner Neger war, sondern ein höchst interessanter Mischling!

FLORENTINER SCHNITZEL

„Wenn Sie das beste Florentiner Schnitzel haben wollen, müssen Sie nach Fiesole fahren", hatte uns der Direktor des Ufficio turistico geraten, als der Eugen und ich eine Kunstreise in die Toskana vorbereiteten. Der Eugen war damals mein Omnibuschauffeur, und wir waren zu zweit im Personenwagen unterwegs.

Da der Direktor Schnitzel mit etwa der gleichen Phantasie beschrieb, wie sie ein Mailänder Großindustrieller entwikkelt, wenn er seinen Freunden die Vorzüge einer neuen römischen Geliebten schildert („Eh, Signori, welche Zartheit, welch rosarotes Fleisch!"), beschlossen wir, seinem Rat zu folgen.

Von Florenz bis zum hochgelegenen Fiesole ist es nur ein Katzensprung. Allerdings, die italienischen Tankstellenpächter streikten gerade. Man weiß nie genau, warum und wie lange sie es tun, aber sie tun es auf alle Fälle mit System. Um den Verkehr nicht total lahmzulegen, geben entweder die Zäpfer auf den Autobahnen oder die Zäpfer auf den Landstraßen kein Benzin ab. Der Autofahrer muß daher geradezu logistische Überlegungen anstellen, um sein Fahrzeug betriebsbereit zu halten.

Während unserer Toskanavorbereitungen waren die Landstraßenzäpfer an der Streikfront. Infolgedessen gab es in und um Florenz nicht einen einzigen Tropfen Benzin. Da zudem der Zeiger unserer Tankuhr sich schon bedenklich dem Nullpunkt näherte, beschlossen wir, mit einem Taxi nach Fiesole zu fahren.

Der Taxifahrer brachte uns in ein Ristorante, dessen Küche hielt, was uns der Ufficiodirektor versprochen hatte.

Das Schnitzel war so zart, wie es nur die besagten Römermädchen vom Palatinhügel sind, und dort oben holte sich laut Tacitus bereits der junge Cäsar seine ersten amourösen Erfahrungen.

Der Kellner, der uns bediente, sah ebenfalls aus wie ein römischer Kaiser. Daß er allerdings eher dem Nero entsprach, erkannten der Eugen und ich zu spät. Wir ließen uns von einer lockenumrundeten Mittelglatze irritieren und entdeckten darum nicht das Flackern der Augen.

Als wir das Schnitzel verzehrt und auch noch zwei Flaschen Chianti Classico leergetrunken hatten, baten wir den stolzen Römer, uns ein Taxi zu rufen.

Der machte eine Gebärde, als werfe er eine imaginäre Toga um seine Schultern und sprach: „Mitnichten dürften seine deutschen Freunde mit einem solchen Gefährt nach Florenz zurückreisen. Er selbst werde uns fahren, denn er habe nun Arbeitsschluß und sein Wagen stehe dienstbereit vor dem Ristorante.

Vielleicht waren zwei Flaschen Chianti doch zuviel für den Eugen und mich gewesen, denn wir sagten bedingungslos ja.

Das Römerfahrzeug erwies sich als ein Fiat von der Minisorte, doch der Kellner öffnete uns die Türen, als handle es sich um den Eingang des Forum Romanum.

Ich nahm hinten Platz und der Eugen quetschte sich auf einen der Vordersitze.

Unser Cäsar drehte den Zündschlüssel und sprach das Wort: Avanti!

Im gleichen Augenblick schnalzte der Fiat los. Er hob vorne leicht ab und schleuderte eine Kiesfontäne nach hinten.

Der Eugen und ich stießen leise Klagelaute aus, die der römische Troikalenker jedoch überhörte.

„Ein wundervoller Wagen", erklärte er stattdessen, und stemmte den Fuß hart gegen das Gaspedal.

Der Minifiat mußte den Motor eines superschnellen Maserati unter der Haube haben, denn es zwang den Eugen und mich nur so in die Polster.

„Abwärts geht er am besten", meinte der Mann am Volant und nahm die erste Kehre.

Vor unseren Augen lag das nächtliche Florenz. Ich sah die erleuchteten Fenster des Ponte Vecchio, den weißen Pfeil des Glockenturms, den Giotto schuf, die mächtige, von Scheinwerfern angestrahlte Kuppel des Doms, und wunderlicherweise bewegten sich diese Bauwerke in Schlangenlinien.

Und jetzt wurden dem Eugen und mir klar, daß nicht nur wir erhebliche Mengen Chianti getrunken hatten. Unser Cäsar war gar kein Cäsar, sondern ein Bacchus!

„Stop, wir gehen zu Fuß", rief ich, aber unser Transporteur winkte ab.

Niemals, bedeutete seine Geste, werde er eine solche Beleidigung seiner Person wie seines Wagens zulassen! Jetzt erst zeigte er seine volle Fahrkunst. Er raste mit Vollgas in eine Haarnadelkurve, bremste drei Meter vor Erreichen des Scheitelpunkts ab, gab dann erneut Gas und ließ den Fiat hinten um neunzig Grad ausbrechen. Daß dieser danach mit der Schnauze wieder abwärts zeigte, war ein echtes Miraculum.

Der Eugen röchelte abwechslungsweise wie ein schwer verwundeter Gran-Sasso-Keiler und ein gemütskranker Seehundbulle, und ich stimmte in diese Töne ein.

Der Mann am Steuer hielt dies offensichtlich für eine speziell deutsche Form von Applaus, denn er schrie „Ecco", und überholte einen vor ihm fahrenden Lastwagen auf der rechten Fahrbahnseite.

Schiergar hätte uns der total verwirrte Brummifahrer gegen die Florentiner Alleebäume geschmettert.

„Bellissimo", rief unser Chauffeur begeistert und drückte, als hinter uns die Brummihupe protestlich aufklang, seinerseits auf das Horn. Der Mini gab Trompetenstöße von sich, die so ähnlich klangen wie die Olympiafanfare von Rom.

Der Eugen stieß einen letzten wilden Schmerzensschrei aus und wurde dann still. Von hinten sah ich, daß er ergeben die Augen senkte und vermutlich das Versprechen abgab, nach einer kaum erwartbaren Wunderrettung gleich am morgigen Tag in der Kirche von San Miniato drei große Kerzen anzuzünden.

„O Mammele, Mammele", nahm der Eugen dieser dem heiligen Antonius von Padua, der heiligen Katherina von Siena, dem Antonius Abate und einem Dutzend anderer italienischer Heiligen gegebenen Zusage sein Klagen wieder auf. „Mamma mia", rief auch unser Rennfahrer und überholte dicht vor einer Kurve einen großen amerikanischen Touristenbus. Gerade noch, daß er zwischen Omnibus und einem aus der Kehre schießenden Polizeiwagen wieder die rechte Fahrbahnseite gewinnen konnte.

„Excellente", gab er dazu von sich und sandte den aufwärtsbrausenden Carabinieri eine Siegesfanfare hinterher.

Der Eugen blickte zurück. In seinen Augen stand die schiere Verzweiflung. Ich kannte ihn – im nächsten Augenblick würde er sich wie weiland der Mark Anton nach dem Meuchelmord an dem große Julier ans Steuer werfen, um das Schlimmste zu verhindern. Doch bei dem zu erwartenden Ringkampf wäre das auch unser Ende gewesen.

Im selben Augenblick sah ich rechts ein beleuchtetes Haus, ein Schild „Osteria" und einen Parkplatz davor.

„Halt", schrie ich, „stop, wir müssen noch einen Chianti trinken ehe das Bett uns winkt!"

Der Umstand, daß Menschen mit viel Alkohol im Blut einen immer größer werdenden Durst entwickeln, erwies sich als wenigstens vorläufig rettend. „Superfortecortemaggiore" und „Maximissima“ rief der Chauffeur begeistert, legte eine Vollbremsung hin, wie der Walter Röhrl, wenn ihm bei der Rallye Monte Carlo plötzlich eine Haute-Provence-Ziegenherde in den Weg läuft, und zischte in den Parkplatz hinein.

Er stand schon an der Theke, als wir mit zitternden Knien in das Etablissement wankten.

„Uno fiasco grande“, befahl er dem Wirt, und stellte uns als deutsche Weltreisende vor.

Das erste Glas genoß er in einem vollen Zug, und der Eugen und ich beschlossen bereits in stummer Übereinkunft, daß wir lieber hier auf dem Fußboden übernachten würden, als noch einmal in den Fiat zu steigen, und da wirkten plötzlich die Eugenschen Gebete.

Draußen fuhr ein Florentiner Taxi vor, dem ein Ehepaar entstieg. Wir warteten den Moment ab, wo der Taxifahrer eben wieder die Türe schließen würde, da rasten wir hinaus. Der Eugen warf sich in den Beifahrersitz, ich nach hinten, und wir schrien gleichzeitig: „Florenz!“

Der Taxifahrer schaltete gleich doppelt: Einmal mit dem Gehirn und danach mit seinem Ganghebel. Bei der ersteren Schaltung war er vermutlich zu dem Ergebnis gelangt, daß wir von der Mafia verfolgt und in der nächsten Sekunde von einem Kugelhagel umschwirrt sein würden, und nun raste er seinerseits los.

Er nahm die Kurven der Fiesole-Straße noch um mindestens zwanzig Stundenkilometer schneller als unser florentinischer Ben Hur, doch er war nicht betrunken und tat es als Profi.

Allerdings geriet auch er dann in einen starken Zwang, denn hinter uns tauchte ein kleiner Fiat auf, und der ließ ein Hup- und Sirenenkonzert los wie wenn im New Yorker Hafen der Unabhängigkeitstag gefeiert wird.

Der Fiat und das Taxi lieferten sich zuerst ein Verfolgungs- und dann ein Kopf-an-Kopf-Rennen, und der Eugen und ich gaben dazu Jammer- und Ächzlaute von uns, wie sie sonst nur verirrte Seelen ausstoßen, und dann zeigte vor einer auch nächtens belebten Kreuzung die Ampel auf Rot.

Die beiden Wagen hielten gleichzeitig und nebeneinander an, das Fahrerfenster am Fiat ging herunter, und wir erfuhren eine Philippika stärksten Ausmaßes.

Feiglinge seien wir, bekamen wir zu hören, Hasenfüße, Defaitisten, Verräter. Nie mehr werde er, so verkündete unser Ex-Freund, Menschen deutscher Herkunft in seinen guten Wagen nehmen, über die Alpen komme doch nur Lumpengesindel, das die in der ganzen Welt gerühmte Florentiner Gastfreundschaft mißbrauche.

Als die Ampel endlich auf Grün umsprang, fuhr er ab wie weiland der Römerkaiser Marc Aurel aus Germanien verschwunden war.

Der hatte den Sueben, Franken, Alemannen und Sachsen auch nie die feine italienische Art beibringen können und fortan auf sie verzichtet.

Doch immerhin haben der Eugen und ich vielleicht ein paar Dutzend bundesdeutscher Fiesole-Besucher das Leben gerettet. Und das ist zwar nicht römisch, aber auch etwas wert!

SCAMPI UND HAFERSCHLEIM

Neapel ist eine miese Stadt: Dreckig, lärmig und voll von Leuten, die einem ständig in die Tasche greifen wollen – so oder so! Doch wenn man nur ein kleines Stück hinausfährt in den Golf und zurückblickt auf das ansteigende Gewirr der Gassen, wenn man das Auge schweifen läßt und im Hintergrund des Bildes den Kegel des Vesuvs entdeckt und gegen Westen zu die Kulisse Capris, dann geht einem im wahrsten Sinne des Wortes das Herz auf.

„O mia bella Napoli" ist dann kein von Rudi Schurike gesungener Schmachtfetzen mehr, sondern eine Liebeserklärung an eine zwar ein bißchen schlampige, aber doch faszinierend schöne Frau.

Nach Neapel waren wir gefahren, ein ganzer Bus voll lauter lieben Leuten – so wie es vorne auf dem Buchtitel steht.

Wir hatten die Solfatara besichtigt, jenen sozusagen ebenerdigen Vulkan, der einem beim Darüberspazieren die Fußsohlen heiß werden läßt, wir waren im Museo Nazionale gewesen, in dem sich die Römer ein Denkmal gesetzt haben und nach ihnen jene Leute, die Neapel für ein paar Jahrhunderte zu einer echten Nobilität gemacht haben, und wir hatten nach dem Dom San Gennaro noch ein paar andere der insgesamt fünfhundert Kirchen besucht, die es in dieser Stadt gibt.

Wir waren natürlich auch den Vesuv hinaufgefahren, hatten von oben einen schaudernden Blick in den Kochtopf unserer Mutter Erde getan, und nun ging es weiter nach Herculaneum und Pompeji, die eben jener heute meist so lustlos dahockende Feuerspucker in einem jähen Wutanfall zu Asche verbrannt hatte.

Unser Führer war ein distinguiert aussehender Herr namens Dr. Pasimeni, dem wunderlicherweise beim Sprechen der Buchstabe S so weich geriet wie es die Formen der schon ein wenig älteren Neapolitanerinnen sind.

Sollten meine Reiseteilnehmer wieder in den Bus steigen, dann sagte der schöne Dottore: „Signori, Signore, bitte busen Sie ein!", und das Busen sagte er so zärtlich, als ob er die Loren vor sich sehe oder die Lollobrigida, und das an ihren schönsten Stellen!

Der Dr. Pasimeni konnte aber auch dramatisch werden, und wie! Den Untergang der beiden Römerstädte schilderte er mit einem solchen Aufwand an Worten und Gesten, daß man das Grollen des wütenden Bergs in den Ohren vernahm, daß sich vor dem inneren Auge der Himmel verdunkelte, und man fast schmerzhaft den Glutatem auf der Haut spürte, so wie ihn vor zweitausend Jahren die Bewohner der beiden Unglücksorte auf der Haut gespürt haben mußten, ehe der Aschenregen alles einhüllte: Häuser, Straßen, Menschen, Tiere, Bäume und Gärten.

Pompeji und Herculaneum, sie gingen in der Schilderung Dr. Pasimenis nochmals unter!

Zu den Augen- und Ohrenzeugen dieses zweiten Untergangs und somit zu unserer Reisegruppe zählte ein Ehepaar von bemerkenswerter Zusammensetzung. Er war ein spindeldürres, stets in düsteres Schwarz gekleidetes Männlein mit einem stark jenseitigen Blick, und sie eine wahrhaft form- und formatsprengende Frauensperson, die absolute Irdischkeit verkörperte.

Diesem Erscheinungsbild entsprachen auch die Eßgewohnheiten der beiden. Während der Gemahl erklärte, daß er allem Fleischlichen abhold sei (eine Behauptung, die man angesichts seiner Gemahlin kaum glauben konnte, doch immerhin war das Paar kinderlos), ließ sie nichts davon erfahren, daß ihr Stangensellerie, Rote Beete und Mohrrübchen einen höheren Genuß bereiten könnten als ein Florentiner Schnitzel oder ein piemontesisches Wildkaninchenragout. Im Gegensatz zu ihrem leibmageren Gatten konnte sie essen wie ein Scheunendrescher!

In der Herkunft waren die beiden jedoch wieder vereint: Er wie sie stammte aus Leipzig, und das hörte man sogar an der Sprache! Wobei noch anzufügen ist, daß unser düster gekleideter Reisegefährte seinen Beruf als Pastor i. R. angab, doch war er trotz seines Aussehens ein umgänglicher, gar nicht so unfröhlicher Mensch.

Wie er jedoch mich, seinen Reiseleiter, zu einer starken Unfröhlichkeit brachte, das geschah am Ende unseres Pompejibesuchs. Wir kehrten, nachdem wir die Ruinen kräftig durchschritten und dabei angesichts antiker Festmahlsdarstellungen die eigenen Essensfreuden gesteigert hatten, in einem nahe der Ausgrabungen stehenden Kloster ein, das Intimkenner der Landschaft um den Golf als eines der besten Kochetablissements in Italien bezeichnen. Stehen doch die Ordensbrüder selber am Herd, eine der schönsten Lobpreisungen der Schöpfung, die man sich denken kann.

Bei der Organisation der Reise hatte ich mit dem Kochprior ein Menü zusammengestellt, in dem ich als reiner Egoist etliche meiner italienischen Lieblingsspeisen vereinigte: Als Vorspeise ein Teller voll Scampi, fangfrisch in einem ganz trockenen Vesuvwein unter Beifügung von viel Knoblauch, Oregano und pflückfrischen Tomaten gekocht, danach als Hauptgang eine Saltimbocca romana, die viel wilden Salbei braucht und zur Verfeinerung einen säuerlichen Johannisbeerengelee, und zum Dessert sollte es eine neapolitanische Granita geben, die sozusagen der Eisberggipfel aller in Bella Italia produzierten Gelati ist.

Nun also war die Mittagsstunde gekommen, an der mein Traum wahr werden sollte. Der Bruder Servierer stellte mir in Kenntnis meiner Gelüste einen speziell mit dampfenden

Scampi angereicherten Teller vor die Nase, und ich wollte eben das erste der kleinen Schalentiere aufbrechen, als sich der am Nebentisch sitzende Pastor erhob und mir mit besorgniserfüllter Stimme erklärte, seine teure Gattin könne diese Scampi nicht essen und auch das andere nicht, das noch auf der Menükarte stehe.

„Sie hat die ganze Nacht auf dem Doppe gesessen", begründete er das ungewohnte Abstinenzverhalten der sonst so ergiebigen Esserin, und er forderte mich weiterhin auf, daß ich zur Wiederherstellung der Leibesgesundheit seiner lieben Frau eine magen- und darmschonende Haferschleimsuppe besorgen möchte. Er habe tiefes Vertrauen, daß mir dies gelingen werde.

Ein der Verantwortung für den Innenzustand seiner Reiseteilnehmer bewußter Reiseleiter stürzt daraufhin sofort in die Küche, und ein solch pressantes Rindvieh von Omnibusduce war ich! Die jäh erkrankte Pastorengattin sollte nicht eine zweite Nacht lang „auf dem Doppe" sitzen müssen!

Doch machen Sie, lieber Leser, einmal einem italienischen Klosterkoch klar, daß er einer an Krämpfen des Verdauungstraktes leidenden Signora anstelle von Scampi, Saltimbocca und Granita nur einen schlichten Haferschleim bereiten soll, und sagen sie ihm dies auch noch mit mangelhaften einschlägigen Sprachkenntnissen!

Was ich auch vorbrachte, die frommen Herrn mit den weißen Kochmützen über der Tonsur schüttelten nur immer verständnislos die Köpfe.

Schließlich ging ich in meiner immer tiefer werdenden Verzweiflung mit einer Mimik und Gestik zur Sache, wie sie der berühmte d'Annunzio gezeigt haben muß, als er der schönen Eleanore Duse sein Begehren erklärte.

„Signora Ranzo kaputto", ächzte ich und wand mich in ekstatischen Bauchzuckungen auf einem Küchenhocker. Als dies nicht fruchtete, rief ich jammernd: „Cacco grande una

Signora bellissima!" und gab zur Demonstration des Innenbefindens der besagten Reisedame so ähnliche Braus- und Zischgeräusche von mir, wie sie der berühmte Nilpferdbulle „Knautschke" vom Berliner Zoo immer von sich gegeben hatte.

Als ich schließlich noch einen Topf von der Herdplatte riß und mich darauf niederließ, da begriff der oberste Küchenchef endlich.

„Ah, compreno, Diarrea!" rief er angesichts meiner durchaus echten Schmerzenslaute, denn ich hatte ausgerechnet ein Gefäß voll kochendem Wasser erwischt.

Zehn Minuten später kehrte ich in den Speisesaal zurück, tief erschöpft zwar von Küchendunst, Sprachakrobatik und Gestengymnastik, die Hände jedoch fest um eine Schüssel voll Haferschleimsuppe geklammert.

Stolzen Blickes trat ich vor mein Pastorenehepaar, wies ihm das erwünschte Küchenprodukt und sprach mit triumphierender Stimme: „Ecco, hier ist er, der Haferschleim!"

Doch dann erloschen meine Leuchtaugen, denn offenbar war die so jäh erkrankte Frau durch eine Art Wunder von Lourdes ebenso rasch wieder gesundet.

Man sah es daran, daß vor ihr zwei leere und ein noch halb voller Scampiteller standen: Der eine leere mußte der ihre sein, der zweite, ebenfalls geleerte hatte ihrem vegetarisch lebenden Gemahl gehört, und der dritte, an dem sie eben arbeitete, das war, ein Augenschwenk zu meinem Platz bewies mir das, unverkennbar der meine.

„Nu, sie wärn doch inzwischen eisgalde gewordn", erklärte mir der Pastor den Sachverhalt mit tröstenden Worten.

Obwohl der Saalbruder versprach, noch irgendwie eine Portion Scampi zusammenzuscharren, ich aß keine mehr, und auch die Saltimbocca samt Granita ließ ich stehen.

Jetzt brauchte ich den Haferschleim! Auch einem Reiseleiter kann etwas auf Magen und Darm schlagen!

DIE HEXE VON CARNAC

Wo sich die „Schnauze" der französischen „Kaffeekanne" gut hundert Kilometer in den Atlantik hinausstreckt, ist die Bretagne, das Land der Geister, Hexen und Dämonen. Die Unterwelt hat dort einer alten Legende nach ihren Eingang, bei Carnac warten in endlosen Reihen die zu Stein erstarrten römischen Legionäre auf ihre Wiedererweckung, unter dem Granitdach der „Siebenschläferkapelle" ruhen die Heiligen in einem immermüden Schlaf, König Artus soll hier irgendwo den Gral gehütet haben, und bei Vollmond jagen auch heute noch bretonische Männer ihre Frauen um die Menhire und lieben sie dann zwischen Stechginster, Wildrosen und Margeriten in einem ekstatischen Fruchtbarkeitskult. Touristen haben freilich wenig Aussicht, den irrlichternden Geistern der Bretagne zu begegnen, es sei denn, es erginge ihnen so wie mir und meinen beiden Begleitern Ernst und Eugen, als wir zu dritt eine Vorausfahrt in den äußersten Westen Frankreichs unternahmen.

Wir waren nach einer langen, ermüdenden Tagesfahrt bis Carnac gekommen, eben in jenes Dorf, bei dem der vom Morgen bis Abend reichende Zug der Menhire endet.

Carnac war nicht gastlich zu uns. Wo wir auch um Herberge nachsuchten, wiesen die Wirte mit einem Achselzukken auf das Schild „Complet". Vermutlich fand gerade eine internationale Konferenz der Menhire-Forscher im Ort statt, oder ein Treffen der bretonischen Unabhängigkeitspartei, träumen diese Keltennachkommen doch mit aller Inbrunst von einer freien, unabhängigen Bretagne.

„Zurück in die nächstgelegene Stadt", beschlossen wir, und Ernst setzte sich, obwohl todmüde, erneut ans Steuer.

Wir waren erst wenige Kilometer durch die Dunkelheit gefahren, als ich rechterhand ein Schild im Scheinwerferlicht auftauchen sah, auf dem „Chambres“ geschrieben stand.

„Stop“, rief ich, „da gibt es Zimmer!“, und der Ernst legte eine Vollbremsung hin.

„Ich frage nach, ob die uns nehmen“, sprach ich hoffnungsvoll und stieg aus.

Es war tatsächlich ein Gasthaus, allerdings eines von der Sorte, die Wegelagerern dazu dient, kaputte Reisende ausräubern zu können. Doch nach fünfzehn Stunden Fahrt war uns dies ohnehin egal.

Als erstes fiel mich ein großer Hund an, der aus der Dunkelheit auf mich zugeschossen kam. Nur der Umstand, daß dem Schmied beim Fertigen der Kette die Kettenglieder knapp geworden waren, rettete mich vor dem Abbiß von gut einem Kilo Wadenfleisch.

Während ich mich noch auf einem Seitensprung befand, dessen Eleganz mir mit Sicherheit die Hauptrolle in einer Dreieckskomödie eingebracht hätte, ertönte aus der Finsternis eine Stimme: „Retour, mal bête!“

Das bösartige Vieh zog sich daraufhin mit einem ängstlichen Winseln zurück, doch als die Inhaberin der Stimme ins Licht trat, verstand ich warum.

Nein, ein Rettungsengel sieht so nicht aus, und auch nicht eine der auf den bretonischen Calvaires stehenden Heiligen. Was mir da geschäftwitternd entgegensah, das war eine dürre Weibsperson in einem sackartigen Gewand, und mit einer gigantischen Warze auf der langen Nase, unter der wahrhaft ein keltischer Schnurrbart herunterhing. Ich blickte zurück zum Auto, aber als ich sah, daß der Ernst bereits über dem Steuer eingenickt war, stellte ich alle Bedenken zurück.

Ob Madame noch drei Zimmer frei hätte, fragte ich freundlich. Das mir daraufhin gewährte Lächeln ließ mindestens noch fünf vorhandene Zähne sichtbar werden, und ich erhielt neben diesem Geschenk auch noch die Versicherung, daß die uns zur Verfügung stehenden Zimmer „toute comfort" besäßen und „absolutement tranquille" seien.

Daß ich sofort zustimmte, lag auch noch daran, daß unsere schöne Gastgeberin versicherte, Monsieur würde trotz der späten Stunde auch noch ein exquisites Mahl für uns bereiten.

Wer mit einer solchen Frau zusammenleben kann — ehelich oder anders — so überlege ich, der muß großer Leidenschaften fähig sein. Er ist ein Künstler, ein Kochkünstler gewiß, und wir werden vor einem köstlichen Genuß stehen!

Ich holte also meine beiden Reisefreunde aus dem Auto. Sie wankten mit ihren beiden Koffern hinauf zu den ihnen gewiesenen Zimmern, während ich noch mit der zartäugigen Gastgeberin über die Details unseres Aufenthaltes verhandelte.

Fünf Minuten später schritt auch ich zu meinem Zimmer. Es sei in der Beletage, versicherte mir die Wirtin, selbst im „Ritz" in Paris träfe ich nicht auf solchen Luxus.

Als ich eben dabei war, meine Waschutensilien auszupakken, kam der Ernst hereingestürzt, seine Bagage schon wieder in der Hand. „Hier bleibe ich nicht", rief er empört, „in dem Bettzeug haben schon mindestens ein Dutzend Leute geschlafen!"

Er war noch nicht ganz fertig mit der Darstellung des Bettenzustandes, als der Eugen hereingestürmt kam, ebenfalls wieder mit seinem Gepäck versehen.

„Lieber kampier' ich heute nacht im Auto", schrie er, „die Leintücher sind voller gelber Flecken."

Er raste treppenabwärts, der Ernst hinterher. Was sollte ich tun? Allein im Haus bleiben bei der warzennasigen Wirtin, ihrem Zerberus und dem noch immer unsichtbaren Monsieur.

Nimmermehr! Ich packte meine Sachen ein und versuchte gleichfalls zu flüchten.

Der Ernst und der Eugen hatten eine Rettungschance gehabt, ich hatte sie nicht. Denn bis ich fertig und im Erdgeschoß angelangt war, stand die Alte parat.

„Arretez", schrillte sie, und als ich nicht sofort dieselbe Vollbremsung hinlegte wie eine Viertelstunde zuvor der Ernst, da ging das holde Geschöpf zur Attacke über.

Gegen die Wortkaskaden, die sie über mich schüttete, war die Brandung des Atlantik an die Felsen der Point du Raz nur ein sanftes Anrühren und gegen ihr Geheul ein Novembersturm das reinste Säuseln.

„Madame", versuchte ich zu erklären, während mir die Wortfetzen weiter um die Ohren flogen, „mes deux amis sont retournés dans la voiture", doch die Erwähnung meiner beiden bereits wieder in Sicherheit gelangten Begleiter brachte ihren Zorn in nur noch ärgere Wallung.

Niemand wird mir's glauben, aber aus ihren grünen Augen sprangen Blitze und auf der Nasenwarze stellte sich mindestens ein Dutzend Borsten senkrecht! Jetzt wurde mir vollends klar, warum der Riesenhund draußen sofort den Schwanz eingezogen hatte.

Ich tat es symbolischerweise ebenso und raste zur Tür. Ein Pfiff ertönte hinter mir her, und dann hörte ich die Kette klirren. Der Hund kam erneut aus dem Dunkel geschossen, das geifernde Maul mit den dolchlangen Zähnen drohend geöffnet.

Erneut rettete mich die Kette, doch diesmal nicht, weil sie zu kurz war. Die Bestie hatte meine Geschwindigkeit falsch berechnet, und sie sprang vor meinen Füßen vorbei. Dafür flog ich über die straff gespannte Kette, exakt in der Reihenfolge Koffer, Arme und irdischer Rest.

Der Eugen und der Ernst behaupteten später, es hätte ausgesehen wie Superman bei einem Schnelleinsatz.

Doch mein Flug reichte immerhin bis zum Auto. Die beiden stopften mich hinein und den Koffer, und sie hatten eben wieder die Türe zu, als die Alte den Hund loshatte und auf den Wagen hetzte.

Er erreichte ihn nicht mehr, denn der Ernst gab Gas wie der Walter Röhrl, wenn er kurz vor dem Ziel der Rallye Monte Carlo an seiner Erzfeindin Mouton vorbeiwill. Es tat noch einen Kracher, und das war der Besen, den die Wüterin uns nachgeschleudert hatte. Er landete genau unter den Vorderrädern und zerbrach in tausend Stücke.

Glücklicherweise, denn hätte ihn die verdammte Hexe noch benutzen können, sie wäre uns nachgeritten bis Quimper, wo wir schließlich doch noch ein Nachtquartier fanden!

Als wir am nächsten Morgen nach Carnac zurückfuhren, um uns die Menhire anzusehen, hielt ich Ausschau nach dem einsamen Wirtshaus. Ich fand es nicht mehr, obwohl wir mit Sicherheit die gleiche Straße benutzten.

Dafür erzählte mir ein alter bretonischer Fischer, auf dem Weg nach Quimper seien schon oft bei Nacht Leute abhanden gekommen. Wochen oder Monate später habe man dann am Strand Knochen gefunden, sauber abgenagt wie von einem riesigen Hund!

Wäre ich nicht ein aufgeklärter Mensch, ich müßte ihm die Geschichte glauben!

107 FLASCHEN CHAVIGNOL

Wollen Sie einen der besten Weißweine Frankreichs genießen, und eine der besten französischen Käsesorten dazu, dann fahren Sie nach Sancerre an der Loire! Sie finden diesen Ort dort, wo der Fluß sich anschickt jenen weiten Bogen zu machen, der ihn am Ende in den Atlantik münden läßt, ein Aufgehen in die Weite, die diesem großzügigen Gewässer auch mehr entspricht als der doch sehr bescheidene Ärmelkanal!

Über Sancerre steht ein römischer Wachtturm. Er hütet seit Jahrtausenden die Rebstöcke, die rings um Sancerre auf kalkigen Hügeln wachsen oder auch auf ebenen Feldern.

Sie bringen den Chavignol hervor, einen zuächst jugendlichen Ungestümling, der aber dann, wenn er ein Mann geworden ist, die Eleganz eines Florettfechters aufweist und manchmal auch dessen jähen Zustich.

Sucht man nach einem Vergleich für seine feine Blume, dann wird man an den Duft erinnert, den die Wildrosen des persischen Hochlandes verströmen, und erforscht man seine feine Säure, so fällt einem unversehens (oder auch erst nach dem dritten Glas) ein Aperçu von Voltaire ein. Die Fruchtigkeit des Chavignol schließlich erinnert an ein Bild von Renoir, bei dem auch die Vollmundigkeit mit einer sanften Transparenz einhergeht.

Was nun den Käse von Sancerre betrifft, so ist dieser eine nicht weniger gelungene Schöpfung. Noch auf dem Teller ruhend, läßt sein starker Ruch bereits die Nase aufmerksam werden, doch er tut es ohne diese zu beleidigen. Sie soll nur ein Signal in das Gehirn weitergeben: Achtung, mobilisiere alle Sinne, es kommt etwas, das mehr verdient als bloßes

Gegessenwerden! Denn der Käse von Sancerre ist wie ein zärtlicher Liebhaber, der ja auch auf allen Nervensaiten spielen möchte, so als gelte es ein Rondo erklingen zu lassen oder ein Menuett, wie es vor zwei Jahrhunderten noch in den Schlössern der Loire geschah.

Der Wonne höchste aber ist die Vereinigung von Chavignol und Sancerrekäse, und nicht umsonst geht in Frankreich der Spruch um: Man weiß nicht, ob der liebe Gott den Chavignol für den Sancerre gemacht hat, oder den Sancerre für den Chavignol.

Die Antwort darauf ist eine der ungelösten Fragen der Grande Nation!

Doch genug des Mundwässrigmachens. Auch ohne gastronomische Genüsse kann eine Reise nach Sancerre zum Erlebnis werden.

Man braucht nur den Wegspuren der Jeanne d'Arc zu folgen, und man wird dadurch das geistige Frankreich weit besser begreifen, als es alle noch so schlauen Geschichtsbücher zu lehren vermögen.

Zuerst muß man nach Domremy hineinschauen und in das armselige Haus eintreten, in dem Johanna geboren wurde. Man muß dann einen Blick in die dort ausgestellten Dokumente werfen, und man wird begreifen, daß zwischen diesen bruchsteingemauerten Wänden das größte politische Genie Frankreichs heranwuchs. Im Vorbeikommen lohnt sich ein Blick auf den Wald, der unweit des Dorfes entlang der Straße liegt. Unter diesen Bäumen war es, wo Johanna ihre Stimmen hörte, und man kann sich Gedanken darüber machen, daß die bedeutendsten Erscheinungen nicht auf den großmächtigen Plätzen geschehen, wie etwa dem Petersplatz zu Rom, sondern an ganz unbedeutenden Gelegenheiten.

Danach führt der Weg nach Vaucouleurs, dessen Burg über einem Gewirr von Dächern aufragt. Hier lieh sich das

Mädchen die Waffen, mit denen sie wenig später die Engländer schlug, und das Pferd, mit dem es zum Dauphin ritt.

Orleans liegt an der Route, ihr erster Schlachtenort, und wenn man Sancerre hinter sich hat, kommt am Ufer der Loire Schloß Chinon, in dessen großem Saal sich Karl VII. — undankbarster aller Könige Frankreichs — vor Johannas Blick vergeblich zu verbergen suchte.

Wer Johannas Weg weiterverfolgen will, der gelangt nach Reims, wo — ich sagte es schon — dieses von einem mächtigen Genius erfüllte Mädchen den bisher von allen verachteten Dauphin zum König krönen ließ. Hier, in der überwältigenden Kathedrale, verlieh sie ihm Amt und Autorität, und hier schleuderte sie auch den eigentlich ungeheueren Satz in die Welt, daß Gott für Frankreich ist und damit jeder wider Gott handelt, der Frankreich attackiert.

Eine Behauptung, mit der sie die Franzosen aus ihrer Lethargie riß und für Jahrhunderte vital machte!

Der Endpunkt ist dann Rouen. Und nach all dem Großen, das man auf Johannas Straße nachvollzog, steht man nun vor einer kleinen, ins Pflaster des Kathedralenvorplatzes eingelassenen Metallplatte. Ihre Inschrift besagt, daß an dieser Stelle die Heilige zu Asche verbrannte — doch noch immer hält Johanna die Hände segnend über ihr Volk!

Genug der Ausschweifungen! Doch so geht es eben, wenn man über den Chavignol schreibt und sein duftendes Käsependant! Dann steigen plötzlich Geister aus der Flasche.

Wir reisten also an die Loire, auf der vorausbeschriebenen Route. Doch wir hatten neben Schloßbesuch, Schloßkonzert, Degustation du Vin und Son-et-lumière noch etwas anderes, ungewöhnliches vor: Wir wollten die Loire auf einem Schiff befahren, wir wollten sie von der Flußmitte aus rechts und links liegen sehen, die Bauten des französischen Adels: Ménars, das der Pompadour gehörte, Blois, wo die Könige regierten und der Herzog von Guise ermordet wurde, Amboise, in dessen Schutz der große Leonardo seine letzten Jahre verbrachte, das dunkle Chaumont, in das die Königinwitwe die schöne Diana verbannte, nachdem sie ihr das Liebesnest Chenonceaux weggenommen hatte.

„Es gibt keine Schiffe mehr auf der Loire", hatte man mir bei der Vorbereitungsfahrt loireauf und loireab immer wieder erklärt. Die letzten großen Flußfahrzeuge waren die „Inexplosibles" gewesen, doch auch diese „unexplodierbaren" Raddampfer waren angesichts der gefährlichen Sandbänke verschwunden.

In Sancerre fand ich dann doch, was ich suchte: Einen Mann, der ein höchst kurioses Schiff besaß. Es war gut zwanzig Meter lang, flach wie eine Flunder, und es besaß dort, wo üblicherweise die Schiffsschraube sitzt, zwei ins Wasser mündende Rohre. Durch das eine Rohr wurde von einer kräftigen Pumpe Wasser angesaugt und durch das andere wieder hinausgetrieben. Diesen Kraftakt vollbrachte ein enorm qualmender Dieselmotor. Beim Ingangkommen schmatzte er zuerst wie Ludwig der Vierzehnte geschmatzt haben mag, wenn er einen fetten Kapaun verzehrte, dann röhrte er wie ein brünstiger Karpatenhirsch, in Folge steigerte er sich zum Heulen des Mistrals und schließlich tuckerte er ganz friedlich vor sich hin, als bereite ihm seine Arbeit ein reines Vergnügen.

Das Ding war genial! Kein Treibgut konnte sich im Propeller verfangen, keine Sandbank dem flachen Kiel gefährlich werden, es schwamm so unbeirrt dahin wie ein Walroßbulle, der eine in der Saragossasee treibende Tangwiese durchquert.

Meine aus achtundvierzig Personen vornehmlich weiblicher Art bestehende Reisegesellschaft betrachtete die Flunder mit äußerstem Mißtrauen, zumal sich an Bord bereits ein alter Küchenherd, ganze Batterien von Kochtöpfen und zahlreiche andere Gegenstände befanden.

Als sich niemand anschicken wollte den schmalen Steg zu betreten, der sicheres Ufer und schwankendes Schiff verband, griff ich zur Psychologie.

„Meine Damen, meine Herren“, sprach ich, „wir sind die Kolumbusse des zwanzigsten Jahrhunderts! Vor uns steht eine Pionierfahrt, denn laut Auskunft sämtlicher Touristikbüros von Orleans bis Nantes gibt es keine Schiffahrt auf der Loire. Ahoi also, meine Damen, ahoi, meine Herren!“

Aber obwohl ich so inbrünstig redete wie es der große Portugiese getan haben mag, ehe er seine Matrosen auf die „Santa Maria“ schickte, die ganze vermaledeite Reisegesellschaft weigerte sich, das Land zu verlassen.

Es mußten also stärkere Argumente her! Schließlich hatte ich nicht nur die Miete für den Kahn vorausbezahlt, sondern auch noch ein Mittagessen bestellt, das mittels des alten Kochherds auf einer Loireinsel bereitet werden sollte.

„Monsieur“, hatte mir der Flunderkommandant bei der Vorbesprechung erklärt, „ich bin nicht nur der einzige und damit bedeutendste Loireschiffskapitän, ich bin auch einer der besten Köche Frankreichs. Selbst die Tastevins auf Schloß Vougeot könnten es sich als Ehre anrechnen, von mir ein Grand Menü serviert zu bekommen!“

Auch hier war ich in der Pflicht.

Guter Rat ist bekanntlich teuer, und einen solchen gab mir mein Omnibuschauffeur.

„Sag' den Leuten, daß bei dem unterwegs stattfindenden Inselpicknick der Wein kostenlos serviert wird“, riet er, „dann ist der Kahn gleich so voll wie die Arche Noah“.

Oh hätte ich doch der feinen Stimme in meinem Innern gefolgt! Stattdessen aber sagte ich mit aller mir zur Verfügung stehenden Überzeugungskraft: „Mesdames, Messieurs! In den Kisten, die Sie an Bord dieses gleichwohl revolutionären wie sicheren Flußschiffs sehen, ist Sancerrewein, der

Wein, den die Könige Frankreichs bei ihren großen Festen tranken. Er wird auch unsere Pionierreise krönen. Sobald wir auf der Picknickinsel angekommen sind, dürfen Sie ihn genießen, und zwar kostenlos in beliebiger Menge. Frankreich und ich wissen, was wir kühnen Abenteurern schuldig sind!"

Als damals Noah die Elefanten, die Meerschweinchen, die Tauben, die Flöhe und andere Säugetiere auf seinen Pott rief, mag ein ähnliches Gedränge geherrscht haben wie es nun einsetzte. In drei Minuten waren „alle Mann" an Bord.

Der Skipper schleuderte den Dieselmotor an, die Pumpe stieß ein Heulen aus, noch ärger als das des Hundes von Baskerville, und ab ging's.

Am Ufer zog die Abtei des heiligen Benedikt vorbei, in seiner Wiese stand das an Ravenna gemahnende Kirchlein Saint-Germain-les-Près, es folgten Schlösser, Städte, Dörfer, und gegen Mittag kamen wir an unserer Insel an.

Sie war eigentlich nicht mehr als eine große, von niederen Büschen bestandene Sandbank, doch trotz ihrer flachen Bauweise vermochte nicht einmal die Flunder so nahe ans Ufer heranzukommen, daß zum Übersetzen ein mutiger Hupf genügte. Der Schiffseigner und seine zweiköpfige Besatzung errichteten darum mittels eines Bretts einen Bootssteg, und alles konnte so trockenen Fußes dem Mahl entgegenschreiten.

Auf der Insel war zuvor schon aus Tischen und Bänken eine Bankettstätte errichtet worden, und während der Kapitän letzte Hand an das Mahl legte, floß bereits der Chavignol in Strömen. Zwischen Hors d'oeuvre und Entrée erklangen die ersten Gesänge, noch vor dem Hauptgang wurde getanzt, und als der Sancerrekäse auf den Tisch kam, mußte die Flunder zu einer Nachschubfahrt ablegen, was sie mit schäumender Bugwelle tat.

Als sie wieder eintraf, flossen die Gläser vollends über,

und wäre über den seligen Gefilden der Loire statt einem herrlich blauen Himmel ein nachtdunkles Firmament gewesen, am Ufer vorbeikommende Ausflügler hätten sicher gedacht, daß da eine besondere Art von Son-et-lumière stattfinden würde, so illuminiert waren alle.

Doch dann schob sich plötzlich ein vom Atlantikwind hergetriebenes Regengewölk vor die Sonne, weshalb das Einbarken in rasender Eile vonstatten ging.

Um es kurz zu machen: Eine bedeutende Chefarztfrau fiel schon beim Betreten des Stegs ins freilich nur knietiefe Wasser und rief: „Au secours!", zwei weitere Damen kippten halbwegs zwischen Ufer und Schiff ins Wasser und wurden durch die starken Arme des Kapitäns gerettet, ein älterer Apotheker zog sich Schuhe und Strümpfe aus und geleitete als beinhaariger Reisechristophorus ein ihm zugetanes Fräulein wassertretend über das Brett, die jüngste der Gruppe, eine bildhübsche technische Zeichnerin, schürzte ihr Röcklein so hoch, daß selbst eine zufällig die Loire herunterkommende Hochflutwelle den Saum nicht hätte erreichen können, und heller Jubel brandete auf, als ausgerechnet der einzige Antialkoholiker der Gruppe, ein Oberregierungsvermessungsrat a. D. mit einem doppelten Salto über Bord ging. Entweder hatte er trotz langjähriger Berufserfahrung angesichts der schlanken Mädchenbeine eine Schrittlänge falsch berechnet, oder er war den Geistern des Sancerreweines zum Opfer gefallen, die sich so für seine Abstinenz rächten.

Doch dann war ich an der Reihe. Nicht mit einer perfekten Wasservorführung, sondern angesichts der Rechnung, die mir der Kapitän unter die Nase hielt.

Den dort stehenden Preis für die Schiffahrt kannte ich schon, und auch der Menüpreis bereitete mir keine Schrekken. Aber dann las ich staunenden Auges die Zahl: 107 Flaschen Chavignol!

Und angesichts des mir präsentierten Leergutes bestand kein Zweifel daran, sie waren auch ausgetrunken worden!

Pro Person ergibt dies, wie ich schnell errechnete, einen Konsum von über zwei Litern Chavignol – den Alkoholgegner abgezogen, den Kapitän und seine beiden Helfer zugerechnet.

Wer es nicht glauben will, die Rechnung habe ich heute noch. Sie wurde dem Finanzamt erst gar nicht vorgelegt. Das hätte es ohnehin nicht geglaubt.

DER GEFALLENE VON DÜNKIRCHEN

Die oft zitierten „alten Kameraden" halten zusammen, ob sie im Ersten Weltkrieg nebeneinander in einem Schützengraben von Verdun lagen, oder ob sie – heute auch schon nicht mehr ganz jung – Seite an Seite an den Fronten des zweiten großen Krieges kämpften. Mitunter hat der eine dem anderen das Leben gerettet, oft sind sie gemeinsam nach vorne gestürmt und noch öfter haben sie gemeinsam Angst gehabt, wenn Bomben und Granaten auf sie niederprasselten. Dieses gemeinsame Erleben verbindet über den Krieg und die Zeit der Gefangenschaft hinaus, und darum kein böses Wort über die „alten Kameraden".

Bei einer meiner Reisen – sie führte an die seligen Ufer der Loire – hatten wir zwei solche „alte Kameraden" im Bus. Sie kamen aus derselben Stadt, waren Freunde, hatten dieselben Bekannten und waren beide in ihren Jugendjahren auf des Führers Befehl über den Rhein gestürmt.

Mit dem „siegreich woll'n wir Frankreich schlagen" war es allerdings längst vorbei. Franzosen wie Deutsche haben gottlob erkannt, daß es für Europas Kultur besser ist, die Herzen nicht zum Hassen und die Köpfe nicht zum Einschlagen zu benutzen. In die ersteren gehört die Liebe und in die letzteren der Verstand.

Die beiden Reiseteilnehmer, der eine Direktor einer bedeutenden Stahlfirma, der andere Chef einer großen Bauunternehmung, vertraten neben einigen wenigen Ehemännern die Maskulinität im Bus. Die Mehrzahl der Plätze war von Damen der diversesten Altersstufen besetzt, wobei sich wieder einmal jenes seltsame Reisephänomen zeigte, daß weibliche Wesen unterwegs plötzlich viel femininer wirken als zu Hause. Vielleicht macht 's die Luftveränderung oder auch das andere Gewürz!

Jedenfalls, zwischen den beiden „alten Kameraden" entwickelte sich schon nach dem zweiten Reisetag so etwas wie ein Gockeleffekt. Die beiden gingen plötzlich aufeinander los, als sei der eine in den Hühnerstall des anderen geraten. Sie suchten sich in ihren Schilderungen gegenseitig zu übertreffen, und ganz schlimm wurde es, wenn sie auf ihre Kriegserlebnisse zu sprechen kamen.

Nicht etwa, daß sie so taten, als sei jeder so eine moderne Mischung von Herkules, Siegfried und Mars-la-Tour-Ulan, die Sache betraf viel eher die Strategie.

Wir Pazifisten im Omnibus mußten die Kämpfe bereits am Mittag miterleben, spätestens ab dem Fromage, und am Abend oft schon vor dem Hauptgericht, weil die Herren sich vor dem Diner gern mit ein paar Apéritifs einzuheizen pflegten. Die notwendige Kampftemperatur war dann schon früher erreicht. In einem Schloßrestaurant an der Loire fand das entscheidende Treffen statt. Es hatte als Entrée Austern gegeben (wunderbar frisch zu einem herrlich prickelnden Muscadet), und solche Schalentiere regen bekanntlich die Potenz an.

Irgendwo zwischen Käse und Dessert kam einer der beiden „alten Kameraden" auf den Frankreichfeldzug zu sprechen. „Wir stießen durch Belgien vor", ließ der Kamerad Nummer eins wissen. „Hundert Kilometer am Tag, manchmal sogar noch mehr. Das war eine tolle Leistung."

Der Kamerad Nummer zwei mußte dies naturgemäß als schwere Herausforderung empfinden.

„War ich auch dabei", rief er, „wir haben Brüssel erobert."
„Aber die belgischen Forts haben wir vorher genommen", trumpfte der Kamerad Nummer eins auf. „Eben Emael, das hat Kriegsgeschichte gemacht."

„Eben Emael“, betonte sofort der Kamerad Nummer zwei seinen kriegsgeschichtlichen Beitrag, und sein „war ich auch dabei!“, klang wie die Siegesfanfare vor einer Sondermeldung.

Jetzt wurden auch die weiter entfernt sitzenden Damen aufmerksam, denn die beiden Herren erreichten eine Lautstärke, daß man im Hintergrund vermeinte, den Geschützdonner von Dünkirchen zu hören.

„Wir stießen dann auf die Engländer“, kündigte Kamerad Nummer eins an, „das waren harte Burschen. Mann gegen Mann, da gab es kein Pardon!“

Jetzt bekamen etliche ältere Fräulein sogar leuchtende Augen. Harte Männer im Nahkampf, dafür hatten sie offenbar Verständnis!

Und Kamerad Nummer zwei nahm in voller Unerbittlichkeit an der Eroberung Dünkirchens teil.

„War ich auch dabei“, tönte es erneut, „unsere Einheit hat das Stadtzentrum gestürmt!“

„Aber den Strand haben wir dann freigekämpft“, kam es aus dem Mund von Kamerad Nummer eins. „Vor ihren Schiffen leisteten die Tommys den härtesten Widerstand. Unsere Division hatte dreihundert Gefallene!“

Und jetzt lief der Kamerad Nummer zwei wahrhaft blindlings in sein Soldatenschicksal.

„War ich auch dabei“, versicherte er in vollem Triumph, und plötzlich sah er in lauter verdutzte Gesichter.

Und auch seines wurde unversehens starr, denn ihm wurde klar, daß er damit eigentlich schon vierzig Jahre auf einem Heldenfriedhof lag.

Von dem Tag an blieben die beiden „alten Kameraden“ stumm. Der eine, weil er als Gefallener ja nicht mehr gut reden konnte, der andere, weil er das Schicksal seines Gegners zu achten hatte.

Am letzten Abend der Reise, als wir noch in Burgund eine

Weinprobe machten, hielt ich eine kleine Ansprache. „Es hat", sagte ich, „unterwegs ein paar Mißhelligkeiten gegeben. Wie wär's, wenn sich die Betroffenen bei einem guten Glas Wein wieder die Hand geben würden?"

„Bin ich gleich dabei", riefen der Gefallene wie der Überlebende unisono, und ließen die Gläser klirren. Und das war eine schönere Versöhnungsgeste als sie die meisten unserer großen Politiker zustande bringen!

DRACULA IM KOFFERRAUM

Die so herrlich wadenumspielende Männerunterhose wird gern als „Lebensretter" bezeichnet. Daß jedoch auch das weibliche Korsett eine existenzielle Funktion ausüben kann, das beweist die nachfolgende Geschichte.

Sie reicht weit zurück, in die Zeit des großen Kaffeeschmuggels von der Schweiz nach Deutschland (an anderer Stelle ist schon einmal von solchen illegalen Transaktionen die Rede gewesen), und wenn hier die Frage nach der Hauptheldin des Geschehens gestellt wird, so ist erneut kein anderer Name zu nennen, als der der lieben, allgegenwärtigen Frau Pauline.

Unsere Omnibusreise stand unter dem Motto „Auf den Spuren Wilhelm Tells", und darum war die schöne Schweiz unser Ziel.

Zuerst fuhren wir nach Bürglen am Fuß des Klausenpasses, wo der Apfel- und Geßlerschießer geboren worden sein soll. Danach besahen wir uns Altdorf, in dessen Ortsmitte der inzwischen zum Manne gereifte Tell als Denkmal steht, die Hand aufs Haupt des schiergar mit eigener Hand ermeuchelten Söhnleins gelegt, den wesenlosen Blick in die Zukunft des wackeren Schweizervolkes gerichtet.

Der Omnibus kletterte dann ein Stück die Gotthardstraße hinauf, damit wir einen Blick auf die Zwingburgen der Habsburger werfen konnten, machte dann kehrt, um die Hohle Gasse zu erreichen, in welcher der Tyrannenbefreier dem Geßler den Blattschuß versetzt hatte, und natürlich fuhren wir auch zur Tellskapelle, die zur Erinnerung an den Nachenhupf des sprungkräftigen Älplers am Vierwaldstätterseeufer errichtet wurde. Den Abschluß bildete ein Besuch der Rütliwiese, auf welcher laut Schiller die Worte gefallen sind: „Wir wollen sein ein einig Volk von Brüdern, in keiner Not uns trennen und Gefahr!“, ein Dichterwort, das die Schweizer – und nun Spaß beiseite – in bewunderungswürdiger Weise in ihrer Geschichte immer wieder wahr gemacht haben.

Es konnte natürlich nicht ausbleiben, daß ich als Reiseleiter die gängigsten Wilhelm-Tell-Witzchen losließ, zum Beispiel, daß mit dem Schillerstein die Schweizer ihren Dank für die Förderung des eidgenössischen Fremdenverkehrs ausdrücken wollten, selbstredend machte ich von der Hohlen Gasse den Versprecher: „Durch diese kahle Hose muß er kommen“, und ergänzend erzählte ich die Geschichte vom Oberst Zitzewitz, der seinem Freund von Blasewitz berichtete, er sei im Theater gewesen, und auf dessen Frage, was denn gespielt worden sei, die Feststellung traf: „Titel verjessen! Aber komische Sache passiert: Zivilist schießt auf Obst!“

Und zum Schluß kündigte ich an, ich werde meinen lieben Reiseteilnehmern nun das gesamte Schillerdrama vom Wilhelm Tell vorspielen, worauf ich mir einen schicken Damenhut auf den Kopf stülpte und als Armbrustersatz einen langen Stockschirm unter den Arm klemmte. Mit rollenden Augen stand ich dann in dem die Hohle Gasse darstellenden Omnibusgang, spähte diese hinauf und hinunter und wiederholte, mich immer wütender gebährend, die Feststellung, daß der Geßler nun endlich kommen müsse, weil schließlich kein anderer Weg nach Küßnacht dort führt. Der Geßler kam und kam jedoch nicht, und so geriet das meine mimischen Künste immer gebannter verfolgende Omnibusvolk in immer stärkere Spannung.

Schließlich erlöste ich es, und sprach, nachdem auf ein verabredetes Signal hin ein Reiseteilnehmer ein Dutzendmal lautmalerisch an ein Glas geklopft hatte, den großen Finalsatz: „Was, schon zwölf Uhr! Jetzt kommt er nicht mehr!"

Nun ja, solche Späßchen muß man ab und zu machen, zumal, wenn es zum Mittagessen eine ebenso magenfüllende wie einschläfernde Bernerplatte gab, übrigens neben der Zahnradbahn, der Schweizeruhr und der Saaltochter eine der schönsten Erfindungen unserer helvetischen Nachbarn.

Doch dann ging die Reise zu Ende. Am Vormittag konnten die Leute in Luzern noch Shopping machen, und da ich sie davor gewarnt hatte, nicht allzuviel wohlduftenden Schweizerkaffee einzukaufen, hatten sie natürlich halb Luzern von den coffeinhaltigen Röstbohnen befreit.

Im Omnibus war allerdings nichts davon zu sehen und zu riechen, die gesamten Einkäufe waren in den Koffern unter Leib- und sonstiger Wäsche verborgen.

Mir schwante also nichts Gutes, als ich am deutschen Zoll in Konstanz eintraf und ein ziemlich schneidiger baden-württembergischer Zollbeamter die Frage stellte: „Hat hier irgendjemand etwas zu verzollen?"

„Nein", riefen alle meine Lieben, ihre Unschuld so überzeugend darstellend wie ein bundesdeutscher Parteispendenzahler vor einem Untersuchungsausschuß, doch damit ließ der Grenzhüter noch nicht locker.

„Öffnen Sie mir den Kofferraum!", befahl er mir, und nun konnte ich nicht anders, als mir von meinem Chauffeur den Schlüssel für den Untergrund unseres Reisegefährts geben zu lassen. Zitternden Herzens hob ich die Seitenklappe hoch, sagte mit einem letzten Versuch innere Festigkeit zu zeigen: „Bitte sehr!", jedoch war mir klar, daß der Mann in den nächsten Minuten mindestens auf drei Zentner hocharomatischer Schmuggelware stoßen würde. Im Geiste sah ich deshalb schon den Omnibus konfisziert und meine ganze Reisegesellschaft und mich in einem Zollgefängnis sitzen, mit nichts anderem verköstigt als mit einer Tasse Bohnenkaffee pro Tag. Gut zehn Jahre müßten wir da gewiß hocken, bis der Vorrat zu Ende war! Der Zollmensch riß mich indessen schnell aus meinen Gedanken. Er zog einen großen Koffer nach vorn und gab mir mit barscher Stimme den Befehl: „Machen Sie den da auf!"

Dies, sprach ich mit ziviler Würde, würde ich nicht tun. Wenn der Herr Douanier in einen der Koffer sehen wolle, solle er ihn gefälligst selber öffnen.

Eine derartige Unbotmäßigkeit erregte den Zorn des Mannes. Er ließ ihn jedoch nicht an mir, sondern an den beiden Kofferschlössern aus. Mit dem linken Daumen drückte er mit einem Ruck die eine, und mit dem rechten Daumen die andere Verriegelung zur Seite.

Es gab ein lautes Schnappgeräusch, und im selben Augenblick flog der Kofferdeckel hoch. Er tat dies infolge eines heftigen Innendrucks, und dessen Ursache war die Frau Pauline. Nicht etwa, daß diese als eine Art Koffermumie dort geruht hätte oder als ein eingezwängter Kofferdracula, nein, was da mit einem Riesensatz in die Luft sprang, das war ein riesengroßes schwarzes Korsett. Diesen bedeutenden Teil ihrer Unterkleidung hatte die gute Frau vermutlich beim Einpacken zunächst vergessen und zuguterletzt dann noch mit aller Macht unter den Kofferdeckel gepreßt. Bei der jähen Öffnung gab es einen enormen Befreiungseffekt. Die zusammengerollten Fischstäbchen und Stahlfedern, ansonsten dazu da, die Figur der Frau Pauline zwanghaft zu gestalten, entrollten sich blitzschnell und ließen den schwarzen Kofferdracula nach oben steigen.

Die an das Korsett angehängten Bändel umfaßten zunächst die Dienstmütze des braven Zollbeamten und rissen ihm das Zeichen der Amtsautorität herunter. Als nächstes umschlang das mit Haken und Ösen versehene Bekleidungsmonster den gesamten Kopf des Mannes und nahmen ihm alles: Sicht, Gehör, Geruchssinn, kurzum, es machte blind für jedes Geschehen ringsum.

In wahrhaft blindem Entsetzen riß sich der geschockte Mensch Bändel, Rüschen, Stoff, Federn und Stäbchen vom Kopf, warf das grausliche Stück zurück in den Koffer, schmiß den Deckel zu und schrie: „Machen Sie, daß Sie zum Teufel kommen!"

Ich ließ mir das nicht zweimal sagen, donnerte die Laderaumklappe zu, rannte nach vorn und schrie meinem Chauffeur bereits beim Einsteigen zu: „Hau ab, so schnell es geht!"

Der Omnibus ging im Kavalierstart ab, und durch die ganze Reisegesellschaft ging ein Raunen, was wohl den Zollbeamten zu der plötzlichen Freigabe von Koffern, Besitzern und Fahrzeug veranlaßt hatte. Denn durch die hochgeklappten Laderaumtüren gedeckt, hatte niemand den Vorgang beobachten können. Doch der Mensch muß dankbar sein! Und so schritt ich mit einem heiteren Lächeln zu der lieben Frau Pauline, schüttelte ihr voll Inbrunst die Hand und sprach: „Sie haben sich um diesen Bus verdient gemacht!"

Diese lächelte verschämt zurück, die teure Ahnungslose, konnte sie doch nicht ahnen, daß der Dank eigentlich ihrem Korsett gebührte.

* * * *

Ab diesem schicksalhaften Paulinentag antworte ich allen Damen, die mich nach der von ihnen auf die Reise mitzunehmenden Kleidung fragen, mit den etwas sphinxischen Worten: „Madame, packen Sie alles ein, was Sie noch hübscher machen könnte. Aber vergessen Sie keinesfalls, ein Korsett mitzunehmen, Sie ahnen nicht, wie sehr es Ihren Leib wie Ihr Schicksal formen kann!"

Manche der Fragerinnen halten mich dann für frivol. Ich bin es nicht, ich habe nur Erfahrungen.

SAN CARLO

Meinem Tessiner Gastronomenfreund Carlo gehört eines der schönsten Hotels in der Schweiz: Die Albergo Losone.

Sie liegt ziemlich genau zwischen Locarno und Ascona, dort wo die Maggia, „die schöne Hexe des Tessin", aus dem Gebirge herausgetreten ist und nun gemächlich dem Lago Maggiore zustrebt.

Der Carlo, der eigentlich Carl Glaus heißt, hat sich im wahrsten Sinne des Wortes zu einem der bekanntesten Hoteliers in der Schweiz hochgedient. Sein Berufsweg begann als Zugschaffner bei der SBB, und als er genug „Löchli" gezwickt hatte, beschloß er, Reiseleiter bei demselben eidgenössischen Schienenunternehmen zu werden. So immer enger mit der Touristik verbunden, gebar er eines Tags die Idee, er könne ein Hotel aufmachen, das mehr sei als bloß eine Übernachtungs- und Speisegelegenheit, sondern ein echtes „Paradiso di Vacanza", in dem die Gäste ein wenig von der himmlischen Seligkeit schon hier auf Erden verspüren sollten.

Da man zu einer rechten Geburt auch in der sonst vielvermögenden Schweiz eine Frauensperson braucht, ging es natürlich nicht ohne eine solche, aber die hatte der Carlo bereits in seiner Charlotte gefunden. Sie hat ihm nicht nur bei den Anfängen seines Hotels geholfen und ist bis in die letzten Jahre mit beiden hübschen Beinen im Hotelbetrieb gestanden, sie hat ihm in zwei Jahrzehnten auch fünf Kinder geboren: Die Ursula, die Silvia, die Michaela, den Diego und den Sandro.

„Weißt du", pflegte er mir gegenüber diese lange Produktionszeit zu begründen, „das Schönste im Leben muß man eben verteilen!" Wobei er, wenn man seine Charlotte anschaut, keinen weiteren Beweis für die Schönheit der angesprochenen Sache braucht!

Inzwischen wuchs das ursprüngliche Motel Losone zu einem Hundert-Betten-Albergo heran, das in der Tat ein frappierendes Beispiel gastronomischen Einfallsreichtums ist.

Das Hotelgelände am Ufer der Maggia umfaßt 40 000 Quadratmeter, ein riesiges Stück Land, auf dem dreihundert Palmen wachsen, in dem kleine Seen liegen, verwunschene Parkplätzchen zu finden sind, das für zwei Schwimmbäder Platz hat (eins für die Erwachsenen und eins für die mehr krachfrohen Kinder) und sogar für einen Minibahnhof, in dem ein echter kleiner Zug steht, in dessen Wagen die Kinder ihr Essen serviert bekommen.

Es gibt da in dem fast durchweg ebenerdigen Haus eine gotische Halle und eine, die der Musik gewidmet ist, eine Schneiderbar, drei separate Restaurants und dazu Salons für Fitneß, Kosmetik und „Hairdressing", und so vieles mehr, einschließlich einer hauseigenen Gärtnerei, einer Pony- und einer Ziegenherde. Sowie einem halben Hundert „Drahtesel" für Fahrradausflüge.

In dem kleinen Büro, das der Carlo bewohnt (denn trotz der fünf Kinder ist er eigentlich mehr mit seinem Hotel verheiratet als mit der liebenswerten Charlotte) hängt allerdings noch immer seine zerschundene, rissige Schaffnertasche. Auf die deutet er manchmal und sagt: „Sie erinnert mich daran, wie ich angefangen habe!" Und das macht den Carlo – neben vielem anderem – so sehr sympathisch.

In der dem bäuerlichen Leben des Tessin gewidmeten Locanda des Hotels befindet sich ein buntes Glasfenster. Es zeigt einen kleinen Tessiner Weiler, ein paar steingedeckte Häuser nur, vor denen eine Bauernfamilie ihr Feld aberntet.

Dieser Weiler ist San Carlo, und wer es erreichen will, der muß das Maggiatal hinauffahren. Schon bald hinter Cevio,

wo das kleine Kirchlein Santa Maria della Ponte in Rovana liegt (schon der Name ist eitel Musik – und gehen Sie erst einmal hinein!), da biegt links das Bavonatal ab.

Wer Foroglio erreichen will mit seinem herunterdonnernden Wasserfall und das erst dahinterkommende San Carlo, der muß einen gut fünf Kilometer langen Felssturz durchqueren. Vor jetzt zweihundert Jahren waren rechts und links die Berge heruntergebrochen, den Erzählungen der Tessiner nach haben sie zwei Dörfer völlig verschüttet. Eine Tafel an einem kirchturmhohen Felsbrocken erinnert noch an das Ereignis. Ins Deutsche übersetzt, steht dort der Ausruf: „Mein Gott, wie schön war dieses Land."

„Ich muß heute ins Bavonatal fahren, Käse holen", sagte der Carlo vor Jahresfrist zu mir, als ich wegen der Organisation einer Tessinkunstfahrt ein paar Tage in seinem Hotel wohnte.

Der Carlo serviert seinen Gästen gern heimische Spezialitäten, und zu denen gehört ein Vallemaggia, ein fetter, kräftiger Käse, den die Almbauern dieses Tales herstellen und der wundervoll zum heimischen Rotwein, dem Nostrano, schmeckt, und zu einem krustigen Tessiner Ringbrot.

Wir holten also den Käse, und wir holten ihn von einem Käser in San Carlo. Jeder mit ein paar dicken, viele Kilo schweren Laiben Vallemaggia beladen, gingen wir zum Wagen zurück, als uns auf dem Wiesenweg eine alte Frau entgegenkam.

Wie es die manchmal scheue, aber immer freundliche Art der Tessiner Menschen ist, trat sie höflich zur Seite und sagte, den Kopf gesenkt, ihr „Buon giorno".

Aber dann blickte sie, irgendwie aufmerksam geworden, doch hoch. Ich werde nicht so schnell vergessen, wie in dieses dunkle, verwitterte Gesicht ein Strahlen trat, so plötzlich, wie die Sonne hoch oben auf dem Lukmanierpaß aus den Wolken treten kann und alles verklärt.

„Carlo, Carlo", stammelte die alte Frau, „Carlo, Carlo", und dann weinte sie. Ihr armer, von unzähligen Lasten gebeugter Körper schütterte, aber ich sah, diese alte Frau war glücklich unter ihren Tränen.

Der Carlo sprach ein paar Worte zu ihr, gab ihr die Hand und ging dann weiter.

„Was war das", fragte ich ihn schließlich, „warum hat diese alte Frau vor Freude geweint?"

„Ach, nichts", antwortete der Carlo, „ich kenne sie halt", und lud, fast ein wenig brummig geworden, die Käselaibe ins Auto.

Ins Hotel zurückgekehrt, wollte ich aber dann doch wissen, was es mit dieser Begegnung auf sich hatte.

„Ursula", fragte ich die älteste Glaus-Tochter, „wir sind oben in San Carlo einer alten Frau in den Weg gekommen. Als sie deinen Papa sah, hat sie vor Freude geweint. Kannst du mir sagen, warum?"

Die Ursula konnte es sagen und sie sagte es: „Die alte Frau dort droben hat ihren Mann verloren, und sie hat einen behinderten Sohn, der nicht viel arbeiten kann. Der Papa hat in der Käserei in San Carlo erfahren, daß sie ihr Land nicht mehr bearbeiten kann und das Futter für ihre Geißen machen. Und nun fährt der Papa halt jeden Sommer drei Tage hinauf ins Bavonatal und macht der alten Frau ihr Heu."

* * *

Man sagt den heutigen Hoteliers gerne nach, daß sie von den früheren Gastwirten (was für ein inhaltsreiches Wort ist das!) zu scharf rechnenden Managern geworden sind. Sie haben nur noch wenig Zeit für ihre Gäste und erst recht keine, einem mit Mühsal beladenen Weiblein mitten in der Hochsaison das Gras für ihre Ziegenherde zu schneiden.

Doch ich bin sicher. Wenn der Carlo, der auch ein sehr

genauer Rechner ist, einmal im himmlischen „Paradiso di Vacanza" die Rechnung gemacht bekommt, dann hat er auf der Habenseite einen ganz großen Posten stehen!

DER RESERVE-ADAM

Was meinen lieben Freund Karlotto angeht, so ist dieser unter die Kategorie der durstigen Menschen einzuordnen, ein Leibeszustand, der ihm allerdings nicht selbst angelastet werden darf. Denn der Otto stammt aus dem Hohenlohischen, jener seligen fränkischen Landschaft, in der sich alles in edlen Schwüngen bewegt: Die Wasser in den rebenbestandenen hohenlohischen Tälern, die Volutengiebel an den zahllosen hohenlohischen Schlössern, die Äcker, Wiesen und Wälder auf einer sich an weiten Horizonten verströmenden Hochebene, und auch die Hohenloher selbst!

Der liebe Gott hat diesen Volksstamm nämlich am siebten Schöpfungstag nicht aus der normalen, krümeligen Paradieserde gemacht, sondern aus dem sogenannten Blauletten, einer speziell im Hohenlohischen vorkommenden Lehmart, die enorm viel Flüssigkeit braucht, um geschmeidig zu bleiben. Die Hohenloher müssen also aus existenziellen Gründen täglich ihr Quantum Wein trinken, und der Karlotto als Vollhohenloher muß dies erst recht.

Der Karlotto erledigt seine Flüssigkeitsaufnahme zu einem gewissen Teil in einem lokalen Kegelclub, und dieser unternahm vor jetzt etlicher Zeit schon einen Ausflug ins schöne Elsaß, unter Mitnahme der jeweils angeheirateten Dame.

Mit der Reiseleitung hatte man mich beauftragt, und es war mir von den Kegelbrüdern eigens auferlegt worden, daß es weder Schnecken noch gebackene Froschschenkel geben dürfe (der Tierliebe wegen, wie die Herren scheinheilig argumentierten), und die Übernachtung müsse in einem Ort stattfinden, in dessen Umgebung ein guter Wein wachse.

Ehe wir jedoch an das als Entrée in die elsässische Küche bestellte Choucroute gingen, wurde Straßburg besichtigt, und zwar — was jedem Elsaßreisenden zu raten ist — nicht nur zu Fuß durch die winkeligen Gassen, sondern auf einem jener kleinen Bateaux mouches, welche die Wasser von Ill und Breusch sowie zahlreicher schmaler Kanälchen durchtuckern.

So bereits mild angeschaukelt, befuhren wir anschließend die elsässische Weinstraße, wo ein Name mehr verspricht als der andere: Obernai, Dambach-la-Ville, Kientzheim, Sigolsheim, Hunawihr, Ribeauville, Reichenweiher, und wie sie alle heißen in ihrem wunderlichen Halbalemannisch-Halbfranzösisch.

Am Nachmittag hielt der Omnibus im Ammerschwihr, wo der berühmte Kaefferkopf wächst und der famose André Merckle (et Fils) einen hervorragenden Wein erzeugt und diesen auch im Fundament eines in sein gewaltiges Haus hineinragenden Festungsturms probieren läßt, ein ungemein gurgelfröhlicher Vorgang, zu dem die liebenswerte Frau Merckle frischgebackenen elsässischen Gugelhupf und würziges Nußbrot beisteuert.

Bei einem zur inneren und äußeren Restauration gedachten Spaziergang durch das Fachwerkstädtchen Kaysersberg (Albert Schweitzer wuchs hier auf) gab es eine Überraschung. Bei eitel Sonnenschein aus dem Omnibus gestiegen, wurden die Kegler samt ihren frisch ondulierten Damen von einem jäh herniederfallenden Gewitterregen überrascht, und der schlug durch bis auf die Haut.

Die ganze Gruppe kam in tropfendem Zustand im Übernachtungshotel an, doch der Karlotto wußte ein Gegenmittel. „Schwestern, Brüder", rief er, „es ist äußerst gefährlich, wenn der äußere Mensch wesentlich feuchter ist als der innere! Dadurch entwickelt sich nämlich ein Spannungsverhältnis auf der Haut, das Herz, Leber, Nieren sowie das gesamte Gemüt beeinträchtigen kann. Laßt uns also sofort mit dem Ausgleich beginnen!"

Der Karlotto hielt sich darum nicht lange mit einem Apéritif auf, sondern befahl dem Oberkellner einen heimischen Wein zu bringen, einen rezenten Riesling, denn schließlich sei er, der Besteller, ein Hohenloher, und da verstehe man etwas vom Wein.

Der daraufhin vom Wirt selbst empfohlene Wein hieß „Reservé Adam", und er stand herrlich im Glas, eine wahre Weide für Auge, Nase und alle anderen Sinne. Denn einen Wein schmeckt man nicht nur, er erfreut mit seiner frischen Kühle auch die Fingerspitzen, mit seinem Klang das Ohr und mit allem zusammen schließlich die ganze Seele.

Weshalb der Karlotto nach dem ersten Probeschluck ausrief (schicklich empfindsame Leserinnen mögen bitte gleich zum nächsten Absatz übergehen): „Das ist ein Weinlein wie ich! Herrlich im Anblick, edel in der Farbe, fein im Geruch, mit viel Körper und einem schönen Schwänzle!"

Wobei jetzt gleich zur Aufklärung von Nichtweinkennern sowie von Dochleserinnen anzufügen ist, daß der „Körper" in der Weinsprache das Bukett und das „Schwänzle" eine württembergische Bezeichnung für den Abgang des Weines vom Mund in den Magen ist!

Auf der Abendspeisekarte stand zunächst eine delikate Paté de foie gras, danach ein superber Zander in einer weißen Buttersoße, als Hauptgericht folgte ein Schäufele aus der Schulter vom Schwein, den geschmacklichen Höhepunkt bildete ein wahrhaft aristokratisch stinkender Münsterkäse und den Schlußakkord bildete ein Sorbe au Marc de Gewürztraminer, ein Dessert, in dem gleich etliche Seligkeiten des Elsaß enthalten sind: Blaubeeren aus den Vogesenwäldern, ein Schnaps aus den gepreßten Trauben der elsässischen Weinberge und der Würzgeruch des Traminers, wie er am schönsten in der Gegend von Barr, Wintzenheim und Orschwihr gedeiht, wobei man auf die erste Silbe des drittgenannten Namens leicht fallen kann, wenn man zuviel davon trinkt!

Als dieses Aufeinander von höheren Wonnen vorbei war, benötigte der Karlotto bereits die nächste Flasche.

„Garçon", rief er in vollendetem Restschulfranzösisch: „einen Reserve-Adam, s'il-vous-plaît!"

Der Karlotto entwickelte in den nächsten Stunden mit seinem Weinkonsum das, was man in der Verkehrs- wie in der Verkaufspsychologie den Mitzieheffekt nennt. Seine Kegelbrüder tranken einen „Reserve-Adam" nach dem anderen leer, und die Keglerdamen tranken fleißig mit. Ist es doch öfters so, daß weibliche Personen mittleren Alters, einmal gelüstelig geworden, kaum mehr zu bremsen sind!

Dies ging so weiter bis die Uhr Mitternacht zeigte. Als der zwölfte Glockenschlag verklungen war, trat der Oberkellner an den Tisch und sagte nicht etwa: „Meine Damen und Herren, es ist Polizeistunde!", nein, er bekannte mit zerknirschter Miene, daß kein „Reserve-Adam" mehr vorhanden sei.

Meine Helden hatten in der Tat einen elsässischen Weinkeller leergetrunken!

Doch der Karlotto ließ sich nicht aus dem Rhythmus bringen.

„Dann her mit einer Reserve-Eva", rief er ohne jede Angst von Seitenblicken einer wegen der frivolen Äußerungen ihres Mannes erbosten Gattin, denn der Karlotto ist Witwer (weshalb ich nun auch einige Leserinnen sagen höre: „Darum!")

Um drei Uhr war dann aber auch die vom Wirt besorgte „Reserve-Eva" erledigt. Der Karlotto trank mit betrübtem Gesicht sein Glas vollends leer, dann erhob er sich und sprach: „Liebe Freunde, laßt uns unseren Betten zuschreiten.

Ihr habt es gut, ihr seid zu zweit, während ich monogam in einem französischen Grandlit liegen muß."

Wobei ihm die Verwechslung von monogam mit solo zu verzeihen ist, denn der Karlotto schwankte wie eine Dreimastbarke, die bei Windstärke zwölf ums Kap der Guten Hoffnung muß.

Wir anderen waren noch mit Gutenachtsagen beschäftigt, da ertönte von oben ein wilder Schrei und gleich darauf kam der Karlotto retourgebraust.

„In meinem Zimmer", schrie er, so bleich im Angesicht wie das Schloßgespenst von Canterbury bei seinem berühmt gewordenen Auftritt vor der Queen Victoria im Jahr 1885, „in meinem Zimmer, da ist einer!"

„Karlotto, du täuscht dich", sprachen wir, „wer soll da sein?"

„Ein Einbrecher", behauptete der Karlotto hartnäckig, „als ich zur Türe hereinging, kam er genau auf mich zu!" Soviel wir auch redeten, der Karlotto war nicht bereit, solo in sein einsames Gemach zurückzukehren.

Da wir vom Reserve-Adam wie von der Reserve-Eva entsprechend gestärkt waren, beschlossen wir die sofortige Bildung eines Räumkommandos.

„Wir gehen zu viert", befahl der Clubvorstand, „dann umzingeln wir den Kerl und nehmen ihn fest!"

Der Karlotto hatte sich inzwischen gefaßt, und mit unserer Rückendeckung versehen, eilte er nach oben.

Vor seinem Zimmer angelangt, blieb er einen Moment stehen, vergewisserte sich, daß alle da waren, brüllte laut: „Attacke!", riß die Türe auf und stürmte hinein, wir anderen hintennach wie die Preußendragoner hinter ihrer Fahne in der Schlacht von Mars-la-Tour!

Der Karlotto war noch keine zwei Schritte weit eingedrungen, da unternahm er eine Vollbremsung, deutete voraus und schrie: „Da, schaut her, jetzt sind es schon vier!"

Tatsächlich, da waren vier Gestalten. Bloß daß das Einbrecherquartett in jedem von uns einen Doppelgänger hatte, denn das waren keine Vogesenganoven und auch keine Elsaßgangster, das war ein zimmerhoher Spiegel.

„Ein Irrtum, liebe Freunde", sprach der Karlotto, als auch ihm die Lage kar wurde, und entließ uns ohne Dank und Gruß.

Am nächsten Morgen entschuldigte er den Vorfall mit einem Sehfehler, der sich bei ihm regelmäßig nach Mitternacht einzustellen pflege.

„Denn", erklärte er, „wenn es vom Reserve-Adam gekommen wäre, hätte ich ja acht Personen sehen müssen! Ihr müßt zugeben, ich habe nur vier gezählt!"

Am nächsten Tag aß er übrigens, wie auch meine Reisegruppe, ein Schneckenragout, das ich heimlich vorbestellt und vom Küchenchef als Wildragout hatte tarnen lassen, ein untrügliches Zeichen dafür, daß der Reserve-Adam doch nicht ohne Wirkung geblieben war!

DER KRÄHENDE ESEL

Wer den benzin- und dieselstinkenden Verkehr der dalmatinischen Küstenstraße verlassen und hinaufgelangen will zum wahrhaft reinen Naturwunder der Plitvicer Seen, der kann dies in der Nähe des kleinen Adriastädtchens Senj tun. Von dort führt ein teilweise unbefestigtes Sträßchen hinauf zu den in einem viele Kilometer langen Felsental verborgenen Katarakten. Das Sträßchen ist wahrhaft eindrucksvoll, sowohl was die Landschaft wie die spitzen Steine betrifft, die sich in Gummireifen und Karroserielack bohren. Autos kommen einem da wenig entgegen, dafür aber Ziegen, Schafe und Esel.

Bei einer großen Jugoslawientournee unternahm ich mit einem nicht allzugroßen Omnibus diese jugoslawische Himmelfahrt, eine Bezeichnung, die durchaus berechtigt ist, zeigt doch die Omnibusschnauze stundenlang nach oben. Einige Damen behaupteten sogar hinterher, sie hätten wegen der enormen Himmelsnähe ein paarmal deutlich die Engel singen hören.

Doch mit einem guten Fahrer am Steuer ist die Sache zu machen, und bei mir saß der Helmut am Volant. Er ist zwar ganz und gar nicht der Typ eines lederjoppenbekleideten Diesel-Ben-Hurs, sondern gehört mit seinen allmorgendlich frischen Hemden und den schicken Hosen zum Typ der Kavaliere am Steuer. Doch er ist nicht nur ein Kavalier, er kann auch fahren. Ob er seinen Omnibus durch die engen Straßen von Siena lenkt, über die halsbrecherischen Wege, die zum Nordkap führen oder auf nur drei Meter befestigtem Untergrund einem einsamen Weingut in der Provence zusteuert, der Helmut erledigt das alles mit fahrerischer

Bravour. Selbst in Schottland hält er sich so konsequent links wie ein Gewerkschaftsfunktionär, der vor lauter SPD-Mitgliedern spricht.

Der Helmut fuhr also Plitvice an. Auf drei Vierteln der Paßhöhe hielt er an, wohl weil er dem Omnibus wie den Fahrtteilnehmern eine Verschnaufpause gönnen wollte. Die hatten zum Schluß bei Tiefblicken nach rechts oder links noch ärger geseufzt als der Gefangenenchor aus Verdis „Nabucco". Obwohl dieser ja auf jeder Opernbühne zu Fuß unterwegs ist und keinen steileren Blick nach unten hat, als in den Orchestergraben. Der Platz, auf dem der Bus seine innere Temperatur abkühlte, lag unter den Ruinen eines ehemals österreichisch-ungarischen Speerforts, jedenfalls sahen die zerborsteten Mauern mit ihrem verwaschenen Maria-Theresia-Gelb ganz nach k.-u.-k.-Vergangenheit aus.

Etliche besonders klick- und klackfreudige Damen und Herren stürmten sogleich mit den Kameras in den Händen los, und als sie vor der malerischen Kulisse auch noch einen Esel samt zugehörigem Treiber entdeckten, da wuchs ihre Begeisterung ins Grenzenlose.

Der Esel war in der Tat ein fotogener Typ! Er stand auf einem gut zwei Meter hohen Felsband und schaute von dort auf das touristische Volk. Während er seine beiden Schlappohren so tief herunterhängen ließ, als müsse er nicht nur die beiden prall gefüllten Packtaschen tragen, sondern das ganze Eselsleid dieser Erde (was eine große Menge ergibt, wenn man die Menschenesel einrechnet), grinste er manchmal mit seinen gelben Zähnen auf eine frivole Weise brüderlich.

Der danebenhockende Treiber glich ihm in mehreren Punkten. Seine farbenfrohe Jacke stammte aus dem gleichen Stück Tuch wie die über den Eselsrücken hängende Decke, und er zeigte das gleiche freundliche Grinsen wie sein Esel, was bei ihm herabhing, waren allerdings nicht die Ohren, sondern die beiden Enden des Schnurrbarts.

Angesichts des erhöhten Eselsstandpunkts vollführten die deutschen Superfotografen eine filmreiche Gymnastik. Die Herren plumpsten auf den Bauch, um den Esel noch weiter in den Himmel zu heben (etwas, das auch in der Politik vorkommt), während die Damen in die Knie sanken, als machten sie vor der englischen Königin einen Hofknicks.

Nach und nach verebbten allerdings die Rufe wie: „Ich nehme eine ganz große Blende, dann wird der Esel gestochen scharf und die Mauer ganz weich!", oder: „Hermine, reich' mir schnell das Tele, das bringt die Eselphysiognomie besser zur Geltung!", und nun wurden Esel wie Treiber ohne mehrlinsige Optiken begutachtet.

Dem Esel gefiel dies offensichtlich, denn er öffnete gelegentlich sein Eselsmaul und nun vernahmen die Zuschauer etwas Absonderliches: Der Kerl krähte! Anstatt ein eselsordentliches „Iaaah" auszustoßen, machte er unverkennbar „Kikkkeriki", und das nicht nur ein-, sondern gleich ein paarmal hintereinander. Eine tierliebende Reiseteilnehmerin empörte sich stantepede über diese, eine die Tierseele vergewaltigende marxistische Fremdsprachendressur, ein dicker Rheinländer hielt sich den Bauch vor Lachen und schrie: „Dat wär 'ne jecke Sache für den Karneval in Kölle!", und ein weltreiseerfahrener Oberstudienrat meinte, er habe ähnliches schon in Indien gesehen, nur daß es sich dort um ein Krokodil gehandelt habe.

„Unsinn", sprach darauf ein mehr praktisch gesonnener Großmetzger, „der Esel macht gar nicht ‚Kikkkeriki', wer da Laute ausstößt, das ist der Treiber. Der Bursche ist ein Bauchredner, das ist die Lösung des Rätsels!"

Nach und nach war die gesamte Omnibusbesatzung vor dem krähenden Esel versammelt, und es gab noch mehr Theorien.

Eine davon lautete, es handle sich hier um einen speziellen Gag der jugoslawischen Fremdenverkehrswerbung. In

Wirklichkeit laufe ein Tonband, während der Esel selbst stumm sei, und eine andere sprach davon, daß durch eine in dieser Meereshöhe entstehende Schallwellenveränderung aus einem in der mittleren Lage angesiedelten Esel-„Iaaah" ein höher gestimmtes Gockel-„Kikkkeriki" werde, und schließlich sprach ein Gruppenmitglied auch noch von der die Tierpsyche verändernden Drogenabhängigkeit dalmatinischer Esel.

Der wahre Sachverhalt kam zutage, als ein bisher stilles, älteres Fräulein zum Direktangriff schritt. Es stellte sich vor den Eseltreiber; ließ den Kopf in den Nacken fallen und stieß einen Schrei aus, der sämtliche Eselsstuten in eine tiefe Erregung versetzt hätte. Dann kehrte es in die Normalstellung zurück, um sich anschließend erneut in Pose zu werfen. Diesmal hob das ältere Fräulein die beiden angewinkelten Arme, hüpfte munter auf und ab und ließ dazu ein Krähen ertönen, dessen tiefe Inbrunst geeignet war, einen ganzen Hennenstall sexy werden zu lassen.

Nach dieser enormen Vorführung deutete das Fräulein auf den Esel, machte nochmals „Iaaah" und nochmals „Kikkkeriki", und zuckte dazu fragend die Schultern.

Der Jugoslawienmann hatte ein sofortiges Aha-Erlebnis. Er stand auf, ging zu seinem Esel, öffnete die beiden Packtaschen, holte links wie rechts einen strammen Hahn heraus und hielt diese fröhlich grinsend dem Publikum vor.

Die beiden Viecher hatten vermutlich dort gesteckt, weil er zu einem Markt unterwegs war.

Meine sämtlichen Tiersprachentheoretiker schritten daraufhin stumm zum Omnibus zurück.

Während wir einstiegen, ließ der Esel ein starkes „Iaaah" ertönen. Es klang ein wenig verwunderlich, doch werden sich Esel über das Verhalten der Menschen schon viel öfter gewundert haben, als wir uns vorstellen!

NICOLE

Keiner, der sie erlebt hat, wird sie so rasch vergessen: Nicole, unsere kleine Führerin von Aix. Jenem Aix im Süden Frankreichs, in dem Cézanne seine vom weichen Licht des Südens durchfluteten Bilder gemalt hat.

Hätte er Nicole gekannt – doch dafür wurde er leider hundert Jahre zu früh geboren –, vielleicht wäre eines der schönsten Mädchenportraits entstanden.

Dieses Gesicht war auf einmalige Weise lebendig. Es zeigte Dutzende von Sommersprossen, die überall saßen, am meisten auf der Nase und wenn sie mit den Augendeckeln klimperte, sah man sie sogar nisten. Dieses aus lauter winzigen Punkten bestehende Gesicht konnte seine Stimmungen wechseln wie die Provence selber. Einmal spiegelte es das Glühen der Sonne auf den Steinen der Grau wieder, dann besaß es die Traurigkeit der sich ihrer Unberührtheit erinnernden Camargue, ein andermal stand darin die Einsamkeit des Tales von Sénanque (wenn die Touristen fort sind), und schließlich zeigte es die Munterkeit eines Bergbaches, der vom Luberón herunter das breite Bett der Durance sucht.

Am schönsten aber war ihr Lachen. Dann schüttelte sich die kleine, von unten nach oben höchstens hundertfünfundfünfzig Zentimeter messende Person nur so – man vermeinte einen Vogel zu hören, der in der Garrigue sein Lied singt, man hörte einen Harlekin in den Straßen von Avignon sein fröhliches Mundspiel treiben, oder das Plätschern der Quelle von Uzés, deren Wasser einst über den Pont-du-Gard der römischen Garnison von Nimes zuflossen.

Vielleicht erscheint es dem einen oder anderen als Übertreibung, wenn ich sage, daß die kleine Nicole von Aix so ausgesehen hat, wie die Jeanne d'Arc ausgesehen haben mag, bevor ihre Stimmen sie von einem jungen Mädchen zu einer schicksalsgeforderten jungen Frau und zur Retterin Frankreichs machten.

Genug, sonst könnte der Leser noch meinen, ich war in Nicole verliebt. Zugegeben, ich war es auch, doch mit mir war es der ganze Omnibus, ältere und jüngere, Frauen und Männer, Reiseneulinge und solche, die schon unzählige Führerinnen und Führer vom Nordkap bis Taormina erlebt haben.

Das erste, was uns an Nicole neben der Strahlung ihres Gesichts, den Sommersprossen und dieser aus dem Innern dringenden Heiterkeit auffiel, das war ihre Sprache. Französinnen können ein ungemein charmantes Deutsch sprechen, aber das von Nicole war von umwerfender Komik. Sie fabrizierte es nicht künstlich, es drang einfach so aus ihr heraus. „Isch 'eiße Nicole", sagte sie uns am ersten Tag in Aix. „In diese Monat bin isch noch eine Fräulein, aber im Juli werde isch ge'eiratet."

Hinter Arles, auf dem Weg nach Saint Rémy, zeigte sie uns rechts und links der Straße „die Schafen'erden" der Provence und später die Krankenanstalt, in welcher der Maler des Postlers, des Zuaven, des romanischen Cafés und der kreisenden Sonnen Zuflucht gesucht hatte vor den dunklen Schwingen, die seine Sinne umschlugen.

„In diesem 'aus 'at gelebt Vincent van Gogh, wenn er 'atte seine Verrucktenphasen", sprach Nicole.

Angesichts von Avignon wies sie uns auf die vielen „Kirschen" hin, die es hier gäbe, und erst als wir kundtaten, daß wir noch keinen einzigen Kirschbaum gesehen hätten, erfuhren wir, daß sie damit die Kirchen der Papststadt gemeint hatte.

Überhaupt, Monsieur le Papst! Nachdem sie uns gründlich darüber aufgeklärt hatte, wie der Oberhirte von Rom in die Provencestadt geraten war, kam sie auf eine der Hauptheldinnen dieser Landschaft zu sprechen, auf La Reine Jeanne, die schöne Johanna des Midi.

„Weil sie konnte ihren Mann nischt mehr leiden, 'at sie ihn ermorderet. Aber dann 'at sie bekommen, wie sagt man in Deutsch, Bisse von Gewissen! Und dann ist sie gegangen nach Avignon zu Monsieur le Papst. ‚Monsieur le Papst', 'at sie gesagt, ‚isch 'abe Bisse von Gewissen, weil isch 'abe meine Mann ermorderet, was kann man da machen?' ‚Oh', 'at Monsieur le Papst gesagt, ‚isch bin nur eine arme Papst und Sie sind eine reiche Frau Grafin wo 'at viele Land. Vielleischt wir können machen eine kleine Geschäft?' Und da 'at sie ihm geschenkt eine große Stück Land, und von diesem Tag an 'atte sie keine Probleme mehr!"

Setzte uns diese Geschichte schon in starke Verwunderung, dann tat es die nächste noch mehr.

Als wir auf das Kloster Saint Michel de Fragolet zufuhren, rückte sie mit der Daudet-Geschichte von jenem Mönch heraus, der dort gelebt hatte und zugleich ein bedeutender Dichter gewesen war wie ein großer „Chemist".

„'ier 'at es gegeben eine Mönsch", bekamen wir zu hören, „und er war berühmt, weil er konnte machen Poeme und auch Elixiere. Immer wieder 'at er erfunden eine Elixier, wo 'at noch besser gerochen. Und vom vielen probieren war er so zugesoffen, daß er nischt mehr konnte ge'en in die Kirsche und auch nischt mehr machen Poeme!"

Mit den Kirchen hatte sie es überhaupt, und sie sorgte für unser Seelenheil. Bevor sie uns in die engen Gassen von Avignon entließ, stellte sie sich zur Erhöhung ihres Kleinmaßes auf eine Parkbank, wies auf ein nahestehendes Gotteshaus und meinte zwecks Förderung unserer Orientierung: „Wenn Sie verloren sind, 'ier ist die Kirsche!"

Den Clou schoß sie freilich ab, als sie uns von Leben, Tod und Seligwerden der Gräfin Delphine berichtete, auch einer der vielen „'eilischen“ der Provence.

„Sie se'en eine Chateau“, wies sie voraus, „in dem 'at gelebt eine Grafin. Sie 'at ge'eißen Delphine und war sehr 'eilisch mit nix l'amour und Bett und so. Und sie 'at müssen 'eiraten eine Grafen, aber er war auch sehr 'eilisch und nix l'amour und Bett und so. Sie 'aben gelebt sehr züchtisch bis sie gestorben sind, und dann kamen die Enkel.“

Natürlich wunderte sich der ganze Omnibus, wie bei einem solchen heiligenmäßigen Verhalten plötzlich Enkel da sein sollten, doch dann erfuhren wir, wie das geschah. Mit den „Enkeln“ waren die Engel gemeint, welche die keusche Gräfin und ihren liebesabstinenten Gatten in den Himmel gehoben hatten.

Das schönste aber war, daß Nicole über ihre unfreiwilligen Pointen selber am herzlichsten lachen konnte. Meist lachte sie zehn Minuten lang so innig, daß die Omnibuslautsprecher wie Kaskaden klangen. Ihre wunderliche Struwwelpeterfrisur vollführte dann die tollsten Kapriolen, und nach einer halben Minute lachte der ganze Omnibus mit.

Nur einmal war sie mir böse, aber auch das nur „ein klein bißchen“.

An diesem Tag blies der Mistral, der „Meister der Provence“. Es war eisig kalt, und Nicole kam nur mit einem dünnen Mäntelchen und so sehr schlotternd an, daß sie jeder von uns gern in den Arm genommen hätte.

„'eute bin isch zu leischt gekleideret“, schilderte sie ihren Zustand, und mich als den Boß der ganzen Omnibusbesatzung ließ sie zusätzlich wissen: „Über'aupt bin isch 'eute sehr vermüdet. Weil isch doch schon werde im Juli ge'eiratet, 'aben meine Verlobte und isch die ganze Nacht in unsere neue Wohnung tapeziert.“

Weiß der Kuckuck, ob mir ein normaler Provenceschalk den folgenden Satz ins Ohr flüsterte oder aber der Geist des „zugesoffenen Mönchs", jedenfalls sagte ich zu der kleinen Nicole: „Das verstehe ich sehr gut, aber Sie müssen das den Reiseteilnehmern selber sagen", und voll Scheinheiligkeit fügte ich hinzu: „Im übrigen heißt es im Deutschen nicht tapezieren, sondern poussieren", worauf sie laut und vernehmlich allen Mitreisenden verkündete: „Sie dürfen nischt böse sein, wenn isch 'eute sehr vermüdet bin, isch 'abe nämlisch die ganze Nacht mit meine Verlobte in unsere neue Wohnung poussiert."

Das schallende Gelächter nahm sie zunächst arglos hin, aber dann wurde sie von etlichen Damen aufgeklärt.

„Sie sind ein böse Mensch", schrie sie und ihr Gesichtchen wurde so finster wie das Val d'Enfer in den Alpilles, „mit Ihnen schbresche isch keine Wort mehr."

Sie hielt es nur eine halbe Stunde durch, dann drehte sie sich um und meinte: „Natürlisch 'aben wir nischt nur tapeziert, was denken sie auch von eine kleine Französin aus Aix?"

Inzwischen kam „vom Tapezieren" ein hübscher kleiner Bub auf die Welt und als ich Nicole vor kurzem in Aix traf, war sie schon wieder „rundlisch".

Es steht ihr so gut wie das Lachen!

KUSS IN PARIS

Paris hat von allem doppelt so viel wie andere Metropolen.

Es hat doppelt so viel an schönen Bauten, doppelt so viel an weltbekannten Kunstwerken, doppelt so viel an guten Restaurants, doppelt so viel an bezaubernden Parks, nur was die Liebe anbetrifft, gilt dies nicht.

Davon hat Paris das Vierfache!

Jedenfalls ist letzteres die Meinung aller Pariskenner, insbesondere, wenn sie noch gar nicht in Paris waren.

Kündigt irgendwo in einer Gesellschaft ein Mensch an, daß er demnächst nach Paris zu reisen gedenke, so vernimmt er gleich die Warnung: „Paß' auf, daß du dort nicht unter die Räder kommst!"

Womit keineswegs die Räder eines der wie verrückt dahinrasenden Pariser Taxis gemeint sind. Paris scheint eben für die meisten Leute nicht nur eine Reise, sondern allemal eine Sünde wert zu sein!

Tief enttäuscht von der angeblich so freigiebig offerierten Pariser Liebe war allerdings ein Mitfahrer in unserer Reisegesellschaft, ein noch wenig welterfahrener Landwirt, aber trotz seiner vielleicht fünf Lebensjahrzehnte von jener Art, die manchmal und urplötzlich recht zugriffig und feurig werden kann.

Geführt durch die Seinestadt wurden seinerzeit er sowie die Reisegruppe von Adrienne, eine jener kundigen jungen Damen, die mit wunderlichem Deutsch das Entzücken aller Reisemitglieder, insbesondere der männlichen, sind.

Die bezaubernde Adrienne, deren Augenbrauen sich noch schöner wölbten als der berühmte Arc de Triomphe, führte die Reisenden auf die Höhe des Eiffelturms und in die

Tiefe der Krypta von Notre Dame, zeigte ihnen das Wunder der Sainte Chapelle und das noch viel bedeutendere des Centre Pompidou, wies ihnen verzauberte Wege durch einen Morgen im Bois de Boulogne und desillusionierende durch die Nächte von Paris, konfrontierte sie mit dem vieldeutigen Lächeln der Mona Lisa und dem eindeutigen der Bordsteinschwalben nahe der Moulin Rouge, und auch das goldglänzende Denkmal der Jungfrau von Orleans am Tuileriengarten war dabei, und die verkehrsüberrauschte Place de la Concorde, wo Marie Antoinette und ihr tumber Ludwig für all die Sünden büßen mußten, die ihre Vorgänger am französischen Volk begangen hatten.

Die grazile kleine Pariserin, bei der alles Hübsche so nah beieinander lag wie die Sehenswürdigkeiten der Cité de Paris, erledigte ihre Aufgabe mit jenem herrlich unprofessionellen Charme, den die meisten Führerinnen durch Frankreichs Hauptstadt an sich haben, und als nach vier Tagen der Abschied von Paris kam, da war die gesamte Reisegesellschaft restlos begeistert von „unserer Adrienne".

Der Reiseleiter bedankte sich mit angemessenen Worten (hatte er doch schon so viele charmante Führerinnen erlebt, daß er Worte wie „einmalig" oder „unübertrefflich" vermied), und das schien dem bereits genannten Landwirt zu wenig.

Er marschierte durch den Mittelgang nach vorn und bat ums Mikrophon.

Und durch dieses hielt er nun eine Rede, die nicht nur allen Mitreisenden vom letzten Hinterbänkler bis zum Besitzer der vordersten Aussichtsplätze zu Herzen ging, sondern vor allem der angebeteten Adrienne.

Als dann lauter Beifall aufrauschte, kamen große Tränen aus ihren Augen, die zunächst einmal die Wimperntusche des charmanten Wesens verschmierten, danach als kleine Rinnsale über die Wangen perlten und schließlich in einem zarten Dekolletté vertröpfelten, so wie es die Wasser einer Quelle im Park von Fontainebleau tun.

Tief gerührt nahm sie den großen Redner und Laudatisten in die Arme und hauchte ihm so zärtlich, wie dies nur eine Pariserin tun kann, einen Kuß auf die linke Backe, und dann auf die rechte Backe, und dann nochmals einen links.

Der so innig beküßte Landmann wußte zuerst gar nicht recht, was ihm da plötzlich widerfahren war, und er strich sich verwundert über die beiden Zielobjekte der zarten Mädchenlippen. Erst als die Küsserin bereits ausgestiegen und der Omnibus auf dem Weg Richtung Heimat war, fand er zu sich selbst und zu seiner Meinung vom Ort eines Kusses zurück, und er verkündete der ganzen Omnibusgesellschaft: „Da heißt es immer, daß die Französinnen so toll sind in der Liebe, und dann können sie nicht einmal richtig küssen!"

INHALT